Gemütliche Radwege

Radeln am Wasser im Allgäu

Die schönsten Radtouren an Flüssen und Seen

J. BERG

3 Wangen und sein Wasserradweg

Inhalt

9 Von Memmingen nach Ottobeuren

19 Um den Rottachsee

27 Um den Forggensee

22 Von Bad Hindelang ins Hintersteiner Tal

Tourenüberblick

	Tour										
1 ●	Von Lindau nach Kressbronn	28 km	400 Hm	3 Std.	●	●	●	●		●	●
2 ●	Von Hergensweiler nach Lindau	27 km	430 Hm	3 Std.	●					●	
3 ●	Wangen und sein Wasserradweg	35 km	450 Hm	3.30 Std.	●		●			●	●
4 ●	Seenlandschaft rund um Kißlegg	26 km	240 Hm	2 Std.	●	●	●				●
5 ●	Von Leutkirch nach Schmidsfelden	35 km	420 Hm	3.30 Std.	●	●	●			●	●
6 ●	Von Isny nach Wangen	54 km	700 Hm	5 Std.	●		●				
7 ●	Von Isny zum Eistobel	25 km	400 Hm	2.30 Std.	●	●	●	●		●	
8 ●	Von Buxheim nach Illerbeuren	40 km	150 Hm	3.45 Std.	●		●				●
9 ●	Von Memmingen nach Ottobeuren	35 km	430 Hm	3 Std.	●		●				●
10 ●	Von Mindelheim nach Katzbrui	44 km	400 Hm	4 Std.	●		●	●			●
11 ●	Von Mindelheim nach Bad Wörishofen	39 km	160 Hm	3.15 Std.	●		●	●			●
12 ●	Von Bad Wörishofen zum Kloster Irsee	38 km	150 Hm	3.45 Std.	●		●	●			●
13 ●	Radrunde um Maria Steinbach	35 km	420 Hm	3.30 Std.	●		●	●		●	
14 ●	Zwischen Dietmannsried und Altusried	23 km	250 Hm	2 Std.	●		●	●		●	●
15 ●	Von Kempten zum Niedersonthofener See	32 km	200 Hm	3 Std.	●	●		●		●	●
16 ●	Große Tour um den Alpsee	40 km	800 Hm	4.30 Std.	●		●	●		●	●
17 ●	Von Oberstaufen zum Alpsee-Nordufer	32 km	100 Hm	2.30 Std.	●	●	●	●		●	●
18 ●	Von Blaichach nach Martinszell	38 km	480 Hm	3 Std.	●		●	●		●	●
19 ●	Um den Rottachsee	27 km	450 Hm	2 Std.	●	●		●		●	
20 ●	Ins Stillachtal und Rappenalptal	32 km	500 Hm	3.45 Std.	●	●	●				●
21 ●	Im oberen Illertal	30 km	560 Hm	3.15 Std.	●		●	●			●
22 ●	Von Bad Hindelang ins Hintersteiner Tal	35 km	450 Hm	3 Std.	●	●					
23 ●	Um den Grüntensee	23 km	100 Hm	2 Std.	●	●		●		●	●
24 ●	Von Pfronten ins Thannheimer Tal	34 km	400 Hm	3 Std.	●	●	●	●		●	●
25 ●	Von Pfronten um die Ruine Falkenstein	31 km	500 Hm	3.30 Std.	●		●			●	●
26 ●	Vom Hopfensee durch das Ostallgäuer Land	40 km	350 Hm	3.15 Std.	●	●	●	●		●	
27 ●	Um den Forggensee	33 km	300 Hm	3 Std.	●	●		●		●	●
28 ●	Nördlich des Forggensees	33 km	350 Hm	3 Std.	●		●	●		●	
29 ●	Von Marktoberdorf auf die Bergmangalpe	32 km	125 Hm	2.30 Std.	●	●	●	●			●

Vorwort

Zeit für Stadtbesichtigungen wie in Memmingen darf man sich nehmen.

Oben: Weinstube in Wangen

Rechte Seite: Traumrunde um den Forggensee

Das Allgäu steckt voller Überraschungen. Neben den herrlichen Allgäuer Alpen und dem welligen Hügelland gibt es unzählige Weiher und Seen und natürlich jede Menge Bäche und Flüsse. Unsere 29 Radtouren führen vor allem am Wasser entlang, wobei wir ganz großzügig Bäche, Rinnsale, Weiher und sogar Moore miteinbezogen haben. Auch wenn der Untertitel des Buches »Die schönsten Radtouren an Flüssen und Seen« nach gemütlichen flachen Spazierfahrten klingt, erfolgt sogleich die erste Einschränkung: Das Allgäu liegt mitten im hügeligen Voralpenland am Fuße der Berge, und das ist nun mal das Gegenteil von flach. So ist für einige der Touren etwas sportlicher Ehrgeiz erforderlich. Gleichzeitig können wir aber auch beruhigen. Keine unserer Touren erfordert extremes sportliches Können und hochtrainierte Kondition. Für alle, die ein E-Bike besitzen, ist keine der Touren ein Problem.

Dabei haben wir die Touren eher kürzer gehalten. Denn wir wollen neben der Freude am Radeln noch zusätzlich Zeit haben:

- um viele Dinge und Sehenswürdigkeiten am Wegrand zu besichtigen,
- um auch einmal die Natur genau beobachten zu können,
- um in einem gemütlichen Biergarten oder einem Wirtshaus Kraft zu tanken,
- um einfach mal die schöne Landschaft zu genießen,
- um uns ein frisches Bad zu gönnen oder die Füße im Wasser baumeln zu lassen,
- um am Ende der Tour noch Lust auf einen Bummel durch den Ausgangsort zu haben.

Zu all diesen Punkten finden Sie zahlreiche Tipps und Infos. Sie sollen ein Anreiz sein, vom Fahrrad abzusteigen und sich Zeit für das Allgäu zu nehmen.

Wir hoffen, dass Sie bei Ihren Radtouren genauso viel Freude haben wie wir während unserer Recherchen. Dafür wünschen wir Ihnen allzeit keinen Platten, niemals einen Regenschauer, stetigen Rückenwind und eine einzigartige und unvergessliche Zeit beim Entdecken einer der schönsten Kulturlandschaften Deutschlands.

Ihre Lisa und Wilfried Bahnmüller

Entlang von Flüssen und Seen im Allgäu

Das Kleingedruckte: Tourenauswahl

Alle beschriebenen Ausflüge sind Rundtouren und der Leistungsbogen für die 29 Touren ist dabei sehr breit gespannt, was Dauer, Länge, Höhenmeter und somit auch die Kondition betrifft. Radanfänger starten am besten mit den leichteren Touren. Viele gute, allgemeine Tipps gibt es übrigens auf der Website des Allgemeinen Deutschen Fahrradclubs (adfc.de).

Zwei Räder sind wichtig: Fahrräder

Wir sind die Strecken mit einem Tourenrad, einem Mountainbike sowie mit E-Bikes gefahren. Ein robustes Citybike oder Trekkingrad ist auch in Ordnung. Dagegen ist ein Rennrad ungeeignet, denn wir bevorzugen verkehrsfreie Straßen, Wege und auch mal Pfade. Fahrräder kann man sich an vielen Stellen im Allgäu direkt ausleihen, wer ein bestimmtes Fahrrad möchte, reserviert es besser einen Tag vorher.

Am Niedersonthofener See darf man seine Badesachen nicht vergessen.

Linke Seite: Hügelig wird es im Bereich der Berge, bei Oberstdorf im Rappenalptal.

Auf unseren Touren gibt es auch einige Steigungen zu bewältigen, hier erleichtern ein paar Gänge mehr das Fahren. Gerade mit E-Bikes ist es im hügeligen Allgäu deutlich einfacher zu radeln und überdies gibt es schon ein gutes Ladestellennetz. Außerdem haben wir die Erfahrung gemacht: Wenn man höflich nach einer Lademöglichkeit in dem Gasthaus fragt, in dem man auch einkehrt, hört man eigentlich nie ein »Nein«. Nur seinen eigenen Stecker oder das Ladesystem sollte man dabeihaben.

Fahrzeiten und Höhenangaben

Für die Tourenlängen und die Höhenmeter haben wir uns um genaue Recherche bemüht. Ein Tacho ist hilfreich, aber nicht nötig. Abstecher zu Besichtigungen, Einkehrmöglichkeiten oder Badestopps wurden in den angegebenen Zeiten jedoch nicht

Genuss im Thalkirchdorfer Dorfhaus

eingerechnet, die muss man zusätzlich einplanen. Für die Zeitangaben gehen wir von einer Durchschnittsgeschwindigkeit von etwa 10 km/h aus. Bei ebener Strecke geht es natürlich schneller voran, auf Steigungen dementsprechend langsamer. Selbstverständlich können sich Öffnungszeiten von Sehenswürdigkeiten oder Gaststätten ändern. Genaue Angaben lassen sich im Internet schnell recherchieren, so ist man immer auf dem aktuellen Stand.

Verfahren ausgeschlossen: Fahrradkarten

Die Karten im Buch sind zusammen mit der Beschreibung im Text eigentlich ausreichend. Wer aber die Tour verlängern oder abkürzen will, der braucht noch eine zusätzliche Fahrradkarte zur Orientierung. Wir haben sehr gute Erfahrungen mit den Kompass-Karten gemacht, die noch dazu den Vorteil haben, dass sie fast überall erhältlich sind.

Der Hunger kommt von allein: Einkehr

Fast überall gibt es Einkehrmöglichkeiten. Verhungern oder gar verdursten muss im Allgäu niemand. Neben den von uns vorgestellten Einkehrmöglichkeiten gibt es natürlich noch eine ganze

Menge mehr. Leider haben mittlerweile einige Wirtshäuser auf dem Land nur noch am Abend geöffnet. Bedenken sollte man, dass Ruhetage, Öffnungszeiten und Betriebsferien variieren können, genauso wie es Pächterwechsel gibt und sich Küchen verändern. So sollte man immer darauf achten, selbst genügend zum Trinken dabeizuhaben und zumindest einen Apfel, Durchhaltekekse oder einen Müsliriegel einzupacken. Manchmal ist ja auch die selbst mitgebrachte Brotzeit am leckersten. Außerdem möchten wir erwähnen, dass die von uns vorgestellten Gasthäuser ganz subjektiv ausgewählt worden sind. Sie haben uns einfach gefallen oder wir kennen sie schon seit mehreren Jahren und waren immer zufrieden.

Links: Oberstaufen und sein Heimatmuseum

Mitte: Wassersport am Rottachspeichersee

Rechts: Gemütliche Radwege bei Buching

Das brauchen wir: Ausrüstung

Die Bekleidung ist von der Jahreszeit und vom Wetter abhängig. Gute Dienste erweist eine gut gepolsterte Radhose. Sie schützt unseren Allerwertesten, ist elastisch genug, um jede Bewegung mitzumachen, und gleichzeitig ist sie eng genug, dass sich die Hosenbeine nicht in der Kette verheddern können. Wer sich in einer solchen Hose unwohl fühlt, für den gibt es auch gepolsterte Fahrradunterhosen. Sehr bewährt hat sich Funktionswäsche für die Oberbekleidung. Sie trocknet leichter und ist atmungsaktiv. Wegen der schattigen Waldwege nehmen wir auch im Sommer einen Pulli mit. Im Frühjahr und Herbst haben wir gerne soge-

Straßencafés in Füssen

nannte Windstopperjacken dabei. Sie lassen den Fahrtwind nicht durch, trotzdem schwitzt man in ihnen nicht wie z. B. unter einer reinen Regenjacke. Letztere erfüllt natürlich ebenfalls ihren Dienst an regnerischen Tagen. Badesachen, ein kleines Handtuch und Sonnenschutz sind in den Sommermonaten wichtig, denn in eigentlich allen Allgäuer Seen und Flüssen kann man baden oder sich zumindest erfrischen. Zur Sicherheit für unsere Räder sollten wir auf keinen Fall Fahrradschlösser vergessen. Es wäre schade, wenn man nach Besichtigungen, zu denen man sein Fahrrad ja nicht immer mitnehmen kann, ein böses Erwachen erlebt.

No risk, a lot of fun: Sicherheit

Auch beim Fahrradfahren gelten ein paar Regeln, die helfen, Unfälle zu vermeiden. Ein Fahrradhelm ist zwar nicht vorgeschrieben, aber bei uns gehört er zum Pflichtprogramm. Ebenso sollte man vor dem Start immer kurz seine Bremsen prüfen, nicht dass sich bei der Anfahrt etwas gelockert hat. Auch ein Erste-Hilfe-Notfalltäschchen hat neben dem Ersatzschlauch und der Luftpumpe (ohne Fahrradpumpe nützt das beste Flickzeug nichts!) noch Platz im Rucksack oder der Fahrradtasche. Vor allem im

Herbst wird es früh dunkel, deshalb müssen wir an eine Beleuchtung denken. Im Fachhandel gibt es mittlerweile auch Fahrradhelme mit eingebauten Leuchtdioden, die im Dunkeln rot blinken. Diese sind praktisch, klein und geben zusätzlich Sicherheit.

Bei feuchter Fahrbahn und steileren Abfahrten radeln wir vorsichtig und sehr überlegt, vor allem wenn es sich um ungeteerte Feldwege handelt. An manchen Stellen schieben wir auch aus Sicherheitsgründen. Das gilt übrigens sowohl für Fußgängerbereiche als auch für sensible Naturschutzgebiete. Außerdem radeln wir nicht abseits der Wege und Pfade oder querfeldein. Zudem müssen Weidegatter immer wieder verschlossen und Absperrungen akzeptiert werden.

Unten: Herbst am Alatsee

Bei der Forggenseerundfahrt können wir mit einem Abstecher die Kirche St. Coloman besuchen.

Es geht auch ohne Stau: Anfahrt

Fast alle Ausgangsorte der Touren lassen sich umweltverträglich mit der Bahn erreichen. Nur die Ausgangsorte zu den Touren 2, 6, 7, 13, 19, 22, 26, 28 sind nicht ohne eigenen Pkw zu erreichen.

Am Forggensee

Die Radtouren an Flüssen und Seen im Allgäu

1 Von Lindau nach Kressbronn

Im Apfelreich des Bodensees

mittel | 28 km | 400 Hm | 3 Std.

Ausgangs-/Endpunkt
Lindau, Bahnhof

GPS
47.544362, 9.681513

Anfahrt
Bahn: Direkte Zugverbindung von München über Kempten nach Lindau. Auto: Von München auf der A 96 bis Ausfahrt Lindau, der Beschilderung zur Insel Lindau folgen und dann weiter der Beschilderung zum Bahnhof. Großer Parkplatz am südwestlichen Inselende in der Nähe des Bahnhofs.

Tourencharakter
Rundtour meist auf geteerten, aber sehr wenig befahrenen Straßen. Der Rückweg führt über den Bodenseeradweg.

E-Bike-Ladestation
Lindau: Fahrradboxen am Inselparkhaus P4 mit Stromanschluss, Ladestation an der Touristinfo, Alfred-Nobel-Platz 1 oder im Strandcafé Lindenhof, Lindenhofweg 41; Kressbronn: Schnaidter Hof, Ortsteil Gohren

Information
lindau-tourismus.de

Abwechslungsreich und gespickt mit herrlichen Aussichten über den Bodensee radeln wir mit Blick auf die Bregenzer Berge entlang des Bodenseeradwegs zurück nach Lindau.

Erst mal aufs Festland Wir beginnen unsere Tour am Bahnhof auf der Lindauer Insel und wenden uns, das Bahnhofsgebäude im Rücken, nach links. Wir folgen so in Gleisnähe dem Straßenverlauf in die Dammsteggasse und sind kurz darauf verkehrsberuhigt auf der Dammbrücke unterwegs, die das Festland mit der Insel verbindet. Rechts von uns liegt der »Kleine See«, auf dem im Sommer viele Segelboote liegen. Kaum haben wir das Ufer erreicht, geht es links in den Lotzbeckweg, noch am Bodensee-

Von Lindau blickt man weit über das Wasser auf die Schweizer und Vorarlberger Berge.

ufer entlang, bis er schließlich in die größere Schachener Straße mündet. Auf ihr geht es nach links. Wir radeln an einem ganzen Reigen prächtiger alter Villen vorbei, wobei wir hinter den parkähnlichen Grundstücken oft nur einen kurzen Blick darauf erhaschen.

Ab ins Hinterland Nach wenigen Minuten erreichen wir die trutzig anmutende Leonhardskapelle. Hier verlassen wir die Schachener Straße nach rechts und radeln in die Enzisweilerstraße Richtung Hoyersberg. Wir überqueren die Bahn in den Ortsteil Enzisweiler, dann geht es leicht aufwärts zum Kreisverkehr an der großen Lindauer Straße, der wir 200 Meter nach links folgen. An der Weggabelung halten wir uns rechts und folgen der Beschilderung nach Bodholz in die Austraße. In Bodholz geht es

Guten Appetit

Mit schöner Aussicht liegt etwas oberhalb vom Schleinsee das idyllische Hofgut Schleinsee. Die kleine Speisekarte verwöhnt mit viel Selbstproduziertem und hausgemachten leckeren Kuchen. Geöffnet März bis Oktober Do–So ab 14 Uhr, ansonsten nur am Wochenende (Januar bis März komplett geschlossen).

gleich am Ortsanfang rechts in die Sennereistraße und erneut rechts in die Rathausstraße. Kurz darauf radeln wir unter den Bahngleisen hindurch und unmittelbar dahinter nach links, entlang der ersten Obstplantagen. In Reih und Glied begrüßen uns nun die Apfelbäumchen, es geht über die Eisenbahnschienen

Frühling am Schleinsee

und dann rechts hinauf in den Weiler Taubenberg. Wir folgen der Beschilderung nach Bruggach und biegen nach links ab. Bergab wenden wir uns nach dem großen Reiterhof nach rechts, queren die Schnellstraße und radeln über Felder direkt auf den Zwiebelturm von Unterreitnau zu. Im Ort wählen wir hinter der Wallfahrtskirche St. Urban und Silvester die Straße links, die nach Bechtersweiler ausgeschildert ist. Keine 500 Meter später biegen wir vor dem Waldstück rechts auf die kleine Nebenstraße nach Hörbolz ab. Zunächst geht es am Waldrand entlang und nach einem Waldstück vorbei an einer Streuobstwiese, Hopfenanbauflächen und Apfelplantagen bis Hörbolz.

Seenlandschaft In Hörbolz halten wir uns links, zunächst dem Schild »Kressbronn/Bechtersweiler« folgend, dann aber an der Weggabelung rechts in Richtung Wettis. Kurz hinter den wenigen Häusern von Wettis erreichen wir den Degersee, von dem uns nur ein kleines Auwäldchen trennt. Wer das Strandbad besuchen möchte, muss sich rechts am See entlang halten. Alle anderen folgen links der kleinen Straße nach Wielandsweiler und dort weiter links der Beschilderung »Nitzenweiler«. So erreichen wir den Schleinsee. Kurz danach sind wir in Nitzenweiler. Hier müssen wir etwas aufpassen, um die zweite größere Abzweigung nach links zu erwischen. Das Schild »Atlashofen/Gattnau« zeigt uns, dass wir richtig sind. Wir passieren einen Funkturm und sind kurz darauf im Weiler Atlashofen, dessen drei Bauernhäuser einzeln zwischen Apfelreihen stehen. Die Straße endet vor der Schnellstraße, wir radeln links über einen Bach und gleich darauf rechts durch die Unterführung, der Beschilderung »Kressbronn/Gattnau« folgend. Mit herrlicher Aussicht über den grünen Kirchturm von Gattnau auf den Bodensee radeln wir durch Hüttmannsberg hinunter zur größeren Landstraße, der wir nach rechts auf dem Radweg

Links: Die Badehäuschen auf Stelzen sind typisch für den Bodensee und spiegeln sich meist wunderschön im klaren Wasser.

Hafeneinfahrt von Lindau

Lindau

Den Bodenseehafen von Lindau markieren ein gewaltiger Bayerischer Löwe und der einzige Leuchtturm Bayerns. Auf ihn kann man steigen und bekommt dabei einen herrlichen Blick auf die Stadt. Auf der Landseite des Hafenbeckens steht der Mangturm, der Vorgänger des heutigen Leuchtturms. Nach unserer Rundschau starten wir zu einem Stadtbummel. Die Maximilianstraße ist die große Flanier- und Einkaufsmeile der Stadt. Ihr architektonischer Höhepunkt ist das Alte Rathaus mit dem Lindaviabrunnen.

folgen. Schnell sind wir in Gattnau, das Dorf gehört bereits zu Kressbronn. Wir durchradeln den Ort in westliche Richtung und folgen links der Beschilderung nach Kressbronn auf die kleine geteerte landwirtschaftliche Straße zwischen Obstbäumen hindurch. Gleich darauf sind wir in einem Wohnbaugebiet von Kressbronn. Wir folgen dem Straßenverlauf bergab durch den Ort, halten uns an der Vorfahrtsstraße links und fahren gleich wieder links in Richtung Ortsmitte. Kurz darauf finden wir das erste Radwegschild nach Lindau, dem wir links in die Hemigkofenerstraße folgen. An der großen Ampelkreuzung (Esso-Tankstelle) queren wir die Autostraße geradeaus in die Bahnhofstraße und finden so direkt am Bahnhof mit der Touristinfo die bekannte Radwegbeschilderung nach Lindau.

Bodenseeradweg Ab dieser Stelle können wir uns eigentlich nicht mehr verfahren, denn Lindau ist perfekt ausgeschildert. Selbst wenn der Weg an unzähligen Stellen mal links, mal rechts abbiegt und wir wirklich einmal falsch abzweigen, stoßen wir si-

Apfelbäume am Taubenberg

cherlich kurz darauf wieder auf ein Radwegschild, das uns zielstrebig nach Lindau führt. Die große Richtung gibt dabei immer der Bodensee an. Diesen erreichen wir, indem wir zunächst nach links durch die Straße Am Nonnenbach und dann rechts über die Bahnschienen auf der Seestraße fahren.

Unten: Abends ist der Hafen von Lindau malerisch beleuchtet.

Wasserburg am Bodensee

So überfahren wir wieder die Grenze nach Bayern und erreichen über Nonnenhorn den Ort Wasserburg, wo sich ein Abstecher auf die kleine Halbinsel zur St.-Georgs-Kirche am romantischen Hafen lohnt. Später stoßen wir in Bad Schachen wieder auf die Kreuzung an der St.-Leonhards-Kapelle. Ab hier kennen wir den Rückweg, und so ist es ein Leichtes, den Rest des Tages für die Besichtigung der Lindauer Altstadt zu nutzen.

2 Von Hergensweiler nach Lindau

Am Grenzfluss Leiblach entlang

mittel | 27 km | 430 Hm | 3 Std.

Ausgangs-/Endpunkt
Hergensweiler

GPS
47.611252, 9.773052

Anfahrt
Auto: Von München auf der A 96 bis Ausfahrt Weißensberg und weiter auf der B 12 nach Hergensweiler. Erste Einfahrt in den Ort nehmen, nach dem Bahnübergang sofort rechts zum Wanderparkplatz

Tourencharakter
Rundtour meist auf geteerten, aber wenig befahrenen Straßen. In Lindau muss allerdings mit starkem Ortsverkehr gerechnet werden. Einige kleinere Steigungen sind vor allem am Rückweg zu bewältigen.

E-Bike-Ladestation
An den meisten Gaststätten im Landkreis Lindau, Radstation Lindau, Kemptener Straße 16, Touristinfo Lindau, Alfred-Nobel-Platz

Information
hergensweiler.de

Im westlichsten Teil des Allgäus fasziniert uns die Landschaft, die von den Bergen hin zum Wasser abfällt und uns weite Aussichten über den Bodensee bietet. Wir entdecken die malerische Altstadt von Lindau und nutzen die vielen Bademöglichkeiten.

Traumhafte Aussichten Wir beginnen unsere Tour zum Bodensee am alten Bahnhof von Hergensweiler und fahren leicht bergab entlang der Gleise nach Süden. Die kleine Kapelle links auf dem Hügel ist dem heiligen Antonius geweiht und heute das evangelische Gotteshaus. Die Aussicht von dort ist sensationell. Die Bahn überqueren wir bei der ersten Brücke und erreichen so den Weiler Mollenberg. Unsere Straße führt geradeaus auf ein Wäldchen zu, an dessen Rand wir vorbeiradeln. Über weite Streuobstwiesen geht es auf den Weiler Heimholz zu. Wir biegen rechts ab, überqueren nochmals die Bahngleise und erreichen auf der Heimholzer Straße den lang gestreckten Ort Schlachters. Hier folgen wir der Hauptstraße in den Ort bis zu einer gelb gestrichenen Villa, nach der wir links in die Weiherstraße einbiegen, die uns durch kleine Wäldchen zum Schlachterner Weiher bringt. Dieser Weiher ist nicht natürlich entstanden, sondern ein Relikt der beginnenden Industrialisierung. Früher hat er das Dornierwerk als kleines Elektrizitätswerk angetrieben. Nachdem dies nicht mehr nötig war, überließ ihn die Peter-Dornier-Stiftung dem Bund Naturschutz, um wieder ein natürliches Pflan-

Überall findet man Cafés in Lindau.

zen- und Tierleben entstehen zu lassen. Heute leben im Weiher ohne künstlichen Besatz einheimische Fische in einer gesunden Mischung, an seinen Ufern haben sich mehr als 27 Libellenarten angesiedelt. Knapp die Hälfte davon steht auf der Roten Liste der bedrohten Tierarten. Wir fahren an seinem Südufer entlang, überqueren auf einer Brücke die Autobahn und biegen gleich danach links ab. Nach einem Waldstück und dem Weiler Oberhof stoßen wir auf die Mühlenstraße, in die wir nach links einbiegen. Unter der Bodensee Schnellstraße hindurch führt uns der Weg zwischen Waldrand und Gewerbegebiet und dann an Apfelplantagen vorbei nach Streitelsfingen, das wir in einem Rechts-links-Bogen durchqueren. Am Ortsende steht mit prächtigem Blick auf den Bodensee das Montfort-Schlössle, heute ein Hotel mit Gaststube und Biergarten, das abgesehen vom Sonntag leider nur abends geöffnet hat. Wir folgen der Straße am Hotel vorbei abwärts und erreichen rasch die ersten Häuser der Stadt Lindau.

Guten Appetit

In der Waldschenke lassen wir uns ein Mittagessen oder eine Brotzeit im Biergarten schmecken. Das Gasthaus ist ein mexikanisches Steakhaus, aber es gibt auch alternative Gerichte auf der Karte (nur an Sonn- und Feiertagen ab 11.30 Uhr geöffnet, unter der Woche ab 17 Uhr, Mo Ruhetag).

Auf die Insel Es gibt unzählige Varianten, die Insel mit der Altstadt von Lindau zu erreichen. Folgen Sie am besten der Beschilderung »Lindau Insel«. Die Altstadt von Lindau liegt auf einer Insel im Bodensee, zu der wir über die Brücke der Chelles-Allee kommen. Auf der Insel halten wir uns beim Kreisverkehr rechts, radeln die Stadtmauer entlang und biegen dann, egal wo, links ab. Durch die Gassen erreichen wir den Hafen von Lindau. Aber Achtung, einige der Gassen sind reine Fußgängerzonen, hier ist Schieben angesagt. Natürlich nehmen wir uns Zeit, die sehenswerte Stadt anzuschauen (siehe Tippkasten Tour 1).

Hergensweiler

Wer sich für Volkskunde interessiert, sollte einen Blick in das Heimatmuseum von Hergensweiler werfen. Es besitzt eine ungewöhnlich große Sammlung an Gegenständen, die zwischen Glaube und Aberglaube einzuordnen sind. Der Museumsleiter Arthur Wetzel öffnet nach telefonischer Voranmeldung (Tel. 08388/605) gerne auch außerhalb der offiziellen Besuchszeiten.

Wieder bergauf Zurück geht es dann immer leicht aufwärts. Dazu überqueren wir den See wieder auf der Chelles-Allee und radeln nach rechts auf der Bregenzer Straße bis zum Bahnübergang. Diesen nutzen wir nicht, sondern fahren zwischen den Schienen und dem

Markttag in Lindau

Seeufer auf der Ladestraße rechts zur Eichwaldstraße. Die Eichwaldstraße stößt wieder auf die Bregenzer Straße, die wir vor den Gleisen verlassen haben. Wir überqueren sie und fahren auf ihr etwa 200 Meter nach links zurück und biegen dann rechts, dem Radwegpfeil folgend, in den Park ab. Nach den Sportanlagen wird der Weg zur Gerhart-Hauptmann-Straße, die uns auf einer Brücke über die Autobahn bringt. In Oberhochsteg geht es nach links, und nach knapp 100 Metern in spitzem Winkel nach rechts in den Hangnachweg. Rechts unter uns fließt die Leiblach, der wir ein gutes Stück folgen. Wir fahren durch einen lichten Auwald, bis uns nach etwa 750 Metern das Schild »Waldschenke« zu einem Abstecher lockt.

Danach fahren wir zur Straße zurück, die jetzt Leiblachstraße heißt, und folgen ihr mit mehr oder weniger Abstand zum Fluss ein langes Stück. Nach einem kleinen Wäldchen steigt die Straße kurz an und wir sind in Thumen. Auf der Alten Landstraße biegen wir in Thumen nach rechts ab. Bei der nächsten Querstraße geht es links zur B 308, der Deutschen Alpenstraße. Auf dem Fahrradweg neben ihr fahren wir 500 Meter nach rechts. Dann biegen wir vor der großen Kurve links ab, fahren den Berg hinauf und erreichen nach zwei Kurven wieder Hergensweiler. Fast am Dorfrand führt nach links die Pfänderstraße zu unserem Parkplatz am alten Bahnhof zurück.

Antoniuskapelle in Hergensweiler

Oben: Aussichtsreich geht es bergab nach Lindau.

3 Wangen und sein Wasserradweg

Aussichtsreiches Auf und Ab

mittel | 35 km | 450 Hm | 3.30 Std.

Ausgangs-/Endpunkt
Wangen, Bahnhof

GPS
47.689015, 9.830881

Anfahrt
Bahn: Wangen liegt auf der Bahnstrecke München–Lindau. Auto: Von München auf der A 96 bis Ausfahrt Wangen West, dann der Beschilderung auf der B 32 nach Wangen folgen. Der Bahnhof ist ebenfalls ausgeschildert. Dort gibt es einige Parkplätze.

Tourencharakter
Hügelige Rundtour meist auf Nebenstraßen, Forst- und Radwegen. Einige steilere, aber kürzere Anstiege in den Uferbereichen sind zu meistern. Durchgehend mit dem Blauen Frosch beschildert.

E-Bike-Ladestation
Touristinfo Wangen, Bindstraße 10

Information
wangen-tourismus.de

Die Untere und die Obere Argen prägen weite Teile des Allgäus. Vorbei an Seen und Weihern folgen wir heute den kleinen Flüssen, die sich westlich von Wangen zur Argen vereinen.

Der Blaue Frosch Los geht es am Bahnhof in Wangen. Wir folgen der Bahnhofstraße, die uns westlich an der Altstadt, die wir erst nach der Tour besichtigen werden, vorbeiführt. Am Ende der Bahnhofstraße bleiben wir in Fahrtrichtung und folgen der Gegenbauerstraße über die Kreuzung hinweg in die Klosterbergstraße. Nach dem Parkplatz biegen wir rechts in den Aumühleweg ein, der uns zum Argenkanal führt, den wir überqueren. Dahinter setzen wir unseren Weg nach rechts fort, wir folgen nun immer der Radwegbeschilderung mit dem »Blauen Frosch«, die uns über die gesamte Strecke gut leiten wird. An der Alten Spin-

Im Frühling blühen entlang der Strecke zahlreiche Obstbäume.

nerei verlassen wir den Kanal und sind gleich darauf an der oberen Argen, der wir folgen. Bei Elitz überqueren wir nach rechts wieder den Kanal, folgen dann nach links der Bundesstraße, nur um bei Welbrechts wieder links zur Oberen Argen zurückzukehren. Immer in westlicher Richtung überqueren wir das Flüsschen und erreichen Jussenweiler, wo wir uns rechts halten und bald erneut auf die andere Seite wechseln. Dieses Spiel setzen wir nun noch ein paarmal über hübsche Brücken fort. Dabei radeln wir vorbei an Hiltensweiher, durch Bergler, in den Ortsteil Schwarzenbach, der direkt in Neuravensburg übergeht. Dort biegen wir rechts ab, es geht durch Föhlschmitten und dann schließlich links in den Fischerweg.

Guten Appetit

Am besten nehmen wir eine Brotzeit mit, denn unterwegs gibt es kaum Möglichkeiten für eine Einkehr. Alle Gaststätten haben erst ab 17 Uhr geöffnet. Der Gasthof Hirsch in Goppertsweiler bietet gehobene Küche (geöffnet Mi bis Sa ab 17.30 Uhr, nur So auch über die Mittagszeit). Im Stall-Besen von Humbrechts ist Mittwoch bis Sonntag ab 17 Uhr geöffnet.

Schloss Achberg

Rechts: Wangen besitzt einige schöne Altstadttore, wie das Ravensburger Tor.

Nach Achberg Wir radeln in den Wald, unterqueren die Autobahn, überqueren ein letztes Mal die Obere Argen und biegen unmittelbar dahinter links ab. Für uns führt der Radweg im Zickzack weiter nach Südwesten. Wir passieren Strohdorf und kommen nach Isigatweiler an die größere Autostraße. Wir touchieren sie nur kurz, halten uns gleich wieder rechts und der blaue Frosch bringt uns zum Schloss Achberg.

Entlang der Argen zum Blausee Nach der Besichtigung geht es auf wildromantischen Waldwegen kurz nach Norden und dann scharf links zurück abwärts zur Argen, die wir auf einer Hängebrücke überqueren. Das ist nun auch unser Wendepunkt, von jetzt an geht es wieder nach Nordosten. Auf der anderen Flussseite geht es nun steil aufwärts und wir radeln über Flunau rechts auf das Hochufer hinauf. Über Felder und vorbei an Streuobstwiesen kommen wir nach Oberlangensee, halten uns bald rechts Richtung Lustenbach und gelangen schließlich nach Goppertsweiler. Dem Radweg neben der Straße folgend, überqueren wir die Untere Argen und biegen danach rechts ein. So passieren wir mit etwas Abstand den Zusammenfluss der Argen. Wir können die Räder kurz abstellen und zu Fuß dorthin gehen, die Kiesbänke am Ufer bieten einen schönen Rastplatz. Kurz darauf erreichen wir Mindbuch, wo wir an der mächtigen Linde links abbiegen, um über Friedhag, dort rechts, zum idyllischen Naturparadies Blausee zu gelangen. Hier ist ein guter Platz für eine Badepause, denn für Schwimmer gibt es einen Steg.

Seen, Feuchtwiesen und Fischweiher Für die Weiterfahrt werden wir zwischen dem Parkplatz und dem Blausee nach Süden gelotst, nur um gleich wieder links parallel zur Autobahn durch den Wald zu radeln. Wir stoßen auf eine Straße in der Nähe des Mittelsees. Die queren wir ein gutes Stück nach rechts versetzt und radeln über die Feuchtwiesen zu einer Landstraße, die wir geradeaus überqueren. Mit schönen Aussichten auf die Berge geht es nun wieder über die Felder, bis wir den Ortsrand von Rhein erreichen. Jetzt geht es nach rechts bis zu einer T-Kreuzung in der Nähe von Ettensweiler. Dort biegen wir rechts ab, nur um gleich wieder links dem »Frosch« zu folgen. Vorbei an zwei Fischweihern biegen wir bald nach rechts ab und erreichen Humbrechts mit der hübschen weißen Kapelle und dem Gasthaus Leonhardts Stall-Besen. Jetzt ist es nicht mehr weit nach Wangen, der Ortsrand ist schnell erreicht. Wir halten uns rechts und queren bald die Gleise, links geht es zum Bahnhof zurück, aber natürlich lohnt sich nun geradeaus der Besuch der Wangener Altstadt zum krönenden Abschluss eines gelungenen Tages.

Wangen

Die Altstadt von Wangen darf man sich auf keinen Fall entgehen lassen. Im Osten ist sie durch die Obere Argen begrenzt. Daran schließt sich ein Gassengewirr an, das zum Marktplatz führt. Dort steht das wuchtige Rathaus, dessen Bausubstanz bis in das späte Mittelalter zurückgeht und das seine Schaufassade zu Beginn des 18. Jahrhunderts bekam. Daneben überwacht die Pfarrkirche das geschäftige Treiben. Sie ist den Heiligen Martin, Gallus und Magnus geweiht. Ihr Patrozinium erinnert an die Zeit, in der das Kloster St. Gallen großen Einfluss in Wangen hatte. Ganz in der Nähe steht das Martinstor, das auch Lindauer Tor genannt wird. Offensichtlich war man sich nicht ganz sicher, ob die mechanische Turmuhr verlässlich die Zeit anzeigt. Über ihr ist sicherheitshalber die gute alte Sonnenuhr angebracht. In Wangen gibt es noch unendlich viel mehr zu sehen und zu entdecken. Allem voran natürlich das Frauentor oder Ravensburger Tor am nördlichen Rand der Altstadt, das nette Haus mit den Sieben Schwaben gleich in der Nähe oder das Mühlrad mit der Stadtmauer. Es lohnt sich, einige Zeit für den Besuch einzuplanen.

4 Seenlandschaft rund um Kißlegg

Idyllische Voralpenlandschaft

leicht | 26 km | 240 Hm | 2 Std.

Ausgangs-/Endpunkt
Kißlegg, Bahnhof

GPS
47.793243, 9.881963

Anfahrt
Bahn: Kißlegg liegt an der Bahnstrecke Stuttgart–Lindau, ist aber auch von München mit Umsteigen erreichbar. Auto: Von München auf der A 96 bis Ausfahrt Kißlegg. In Kißlegg der Ausschilderung zum Bahnhof folgen. Dort gibt es einige Parkplätze; wenn belegt, großer Parkplatz nach dem Bahnübergang (siehe Beginn der Tour).

Tourencharakter
Hügelige Rundtour meist auf Nebenstraßen, Forst- und Radwegen. Keine nennenswerte lange Steigung, aber doch hügelig mit vielen kurzen Auf- und Abfahrten

E-Bike-Ladestation
Zweirad Wenzler, Herrenstraße 24

Information
kisslegg.de

Ein »Sommerfahrtstraum« zwischen idyllischen Badeseen, hügeligen grünen Voralpenwiesen, kleinen Dörfern – stets garniert mit weiter Fernsicht auf die Berge Vorarlbergs und der Schweiz.

Zum Obersee Der Start dieser Radtour ist der Bahnhof von Kißlegg. Mit Blick Richtung Gleise wenden wir uns nach links und radeln auf der Bahnhofstraße bis zum Bahnübergang. Wir queren die Schienen und biegen unmittelbar danach für wenige Meter rechts in den Stolzenseeweg. Dann folgen wir dem Radwegschild nach Aitrach über Seibranz. Wenige Meter später erreichen wir das Freibad am südlichen Ufer des Kißlegger Obersees. Wir wenden uns nach rechts, radeln über den Parkplatz

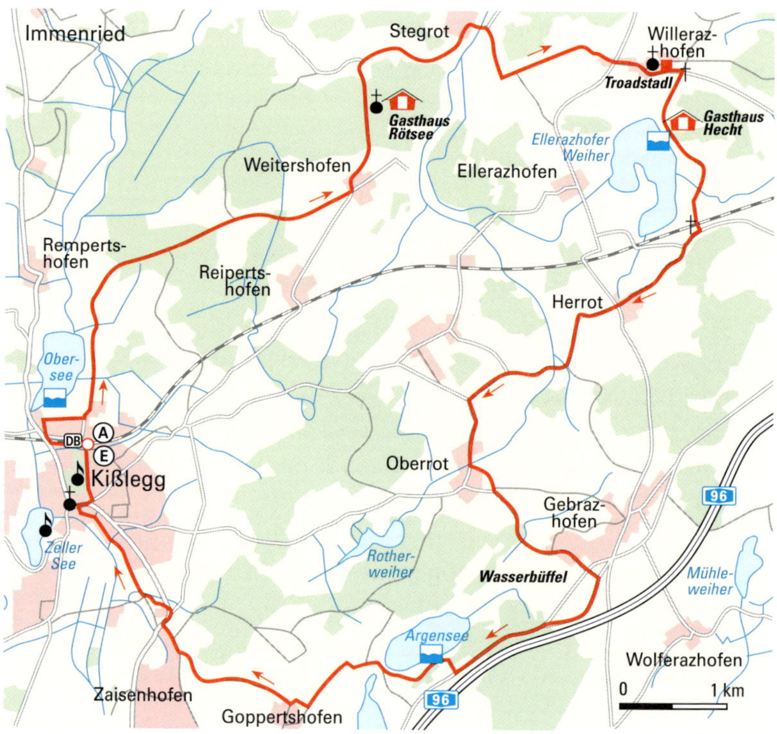

Kißlegg mit dem Neuen Schloss und der Pfarrkirche St. Gallus und Ulrich über dem Zellersee

und gleich darauf mit schöner Sicht auf den See über Wiesen in nördliche Richtung. Nach zwei einsamen Höfen erreichen wir ein Waldstück. Sobald wir es wieder verlassen, wird es hügelig und es geht nun bis zum Ende der Tour immer auf und ab. Über die Häuser von Hasenfeld kommen wir nach Weitershofen, wo wir links bis zum Weiler Rötsee radeln.
Bevor wir weiterfahren, werfen wir einen Blick in die Marien-Wallfahrtskirche Rötsee. Die kleine Kirche blickt auf eine über 1000-jährige Geschichte zurück.

Guten Appetit

Gemütlich einkehren lässt es sich im Gasthaus Adler in Gebrazhofen oder in Kißlegg im Gasthaus zum Ochsen.

Zum Ellerazhofener Weiher Nach der Besichtigung geht es weiter in Fahrtrichtung. An den nächsten Weggabelungen halten wir uns jeweils rechts und kommen so nach Stegrot. Im Ort folgen wir der Rechtskurve, halten uns aber 200 Meter nach den Häusern geradeaus. So kommen wir über Sonthofen, dort links, bis zur großen Autostraße am Ortsrand von Willerazhofen, die wir überqueren, um leicht bergauf in den Ort hineinzuradeln.
Wir verlassen den Ort auf der Straße Richtung Heggelbach, biegen aber gleich an der ersten Straße nach rechts ab. Das auf der anderen Straßenseite stehende restaurierte Arma-Christi-Kreuz zeigt uns, dass wir richtig sind. Jetzt rauschen wir mit herrlicher Aussicht über den Ellerazhofener Weiher und die nahen Berge abwärts zum Willerazhofener Bad. Am See entlang kommen

In den vielen Seen fühlen sich Amphibien wohl.

Oben links: Auch im Herbst ist die Radtour wunderschön.

Oben rechts: Schilfgras umringt einen Großteil der Seen.

wir über die Bahnstrecke als Nächstes nach Lanzenhofen, wo wir nach rechts radeln. Am Ortsende teilt sich die Straße, wir halten uns links und folgen der Beschilderung nach Herrot. In dem kleinen Ort stoßen wir auf eine größere Autostraße, die wir geradeaus überqueren. Vor uns liegt das schöne hügelige Allgäuer Voralpenland.

Über Höhlmühle kommen wir, indem wir uns links halten, nach Unterrot. Dort halten wir uns wiederum links und rollen dann am Wegedreieck geradeaus abwärts, bis wir im Neubaugebiet von Gebrazhofen wieder zu einer großen Autostraße hinaufmüssen. Nach links können wir mit einem Abstecher in die Ortsmitte fahren, um beim Gasthaus Adler einzukehren. Ansonsten geht es nun nach rechts auf einem Radweg parallel zur großen Autostraße. Dabei nähern wir uns der großen Lindauer Autobahn A 96, die links von uns verläuft.

Zum Argensee Nach einem Waldstück biegen wir an der Bushaltestelle von Sigrazhofen nach rechts ab und radeln hinunter zum Argensee. Für die Weiterfahrt schieben wir unsere Räder

Arma-Christi-Kreuz am Ortsrand von Gebrazhofen

wenige Meter auf dem schmalen Wiesen-Trampelpfad in westliche Richtung, also nach links. Der Weg führt hinunter zum Wasser, wird dann deutlich besser und mündet schließlich wieder in eine Teerstraße, der wir nun nach rechts folgen. Dabei passieren wir die sumpfige und von vielen Seerosen überwucherte Verbindung zwischen dem Argensee und dem Wuhrmühleweiher.

Wieder bergauf kommen wir nach Goppertshofen und genießen auf der Weiterfahrt nach Kißlegg wieder die tollen Ausblicke bis ins schweizerische Rheintal. Das war der letzte Hügel. Jetzt kann man sich nicht mehr verfahren. Kißlegg ist bestens ausgeschildert und liegt schon direkt vor uns. Durch ein kleines Industriegebiet und entlang einiger Felder erreichen wir schnell die Ortsmitte, und auch der Weg zum Bahnhof, der hinter dem Neuen Schloss liegt, ist nicht zu verfehlen.

Freie Reichsstadt Kißlegg

Auf dem Weg durch Kißlegg überraschen uns zwei Schlösser: Das Alte Schloss erinnert mit seinem hochgezogenen Giebel sehr an gotische Bauten. Es ist in Privatbesitz und kann nicht besichtigt werden. Im Neuen Schloss hat im Inneren der Barock bzw. das Rokoko Einzug gehalten. Heute beherbergt es ein Museum, das Dienstag, Donnerstag und Freitag sowie an Sonn- und Feiertagen nachmittags geöffnet ist. Auch die Pfarrkirche St. Gallus und Ulrich ist einen Besuch wert. Sie besitzt eine prachtvolle Barockausstattung mit einer frühbarocken Madonna von Hans Zürn.

5 Von Leutkirch nach Schmidsfelden

Zwei Badeseen und ein Künstlerdorf

mittel | 35 km | 420 Hm | 3.30 Std.

Ausgangs-/Endpunkt
Leutkirch, Marktplatz

GPS
47.826670, 10.024137

Anfahrt
Bahn: Leutkirch liegt an der Württembergischen Allgäubahn Herbertingen–Isny. Auto: Von München auf der A 96 bis Ausfahrt Leutkirch-West. In Leutkirch zahlreiche Parkplätze und Parkhäuser ausgewiesen.

Tourencharakter
Rundtour auf Nebenstraßen, Forst- und Radwegen über die Allgäuer Moränenlandschaft mit viel Schatten. An einer Steilstrecke, für die man ein Mountain- oder ein E-Bike bräuchte, müssen wir schieben, sie kann aber auch umgangen werden.

E-Bike-Ladestation
Allgäu Bike Sports, Poststraße 5, und Bahnhof Leutkirch

Information
leutkirch.de

Eine Tour für Körper und Geist, bei der wir eine ausgiebige Badepause einlegen und die Glasbläserei in Schmidsfelden besichtigen. Darüber hinaus freuen wir uns über die hüglige Landschaft und das kleine Städtchen Leutkirch.

Badefreuden und ein Schlösschen Wir beginnen unsere Radtour am Marktplatz in Leutkirch, fahren südwärts über die Marktstraße zur Wangener Straße und biegen dann links in die Herlazhofer Straße ab, der wir in südlicher Richtung über Felder bis nach Herlazhofen folgen. Am Ortseingang steht eine kleine, den Wetterheiligen Johannes und Paulus geweihte Kapelle. Kurz darauf beeindruckt die alte Linde am Gasthof Halde, die einen ge-

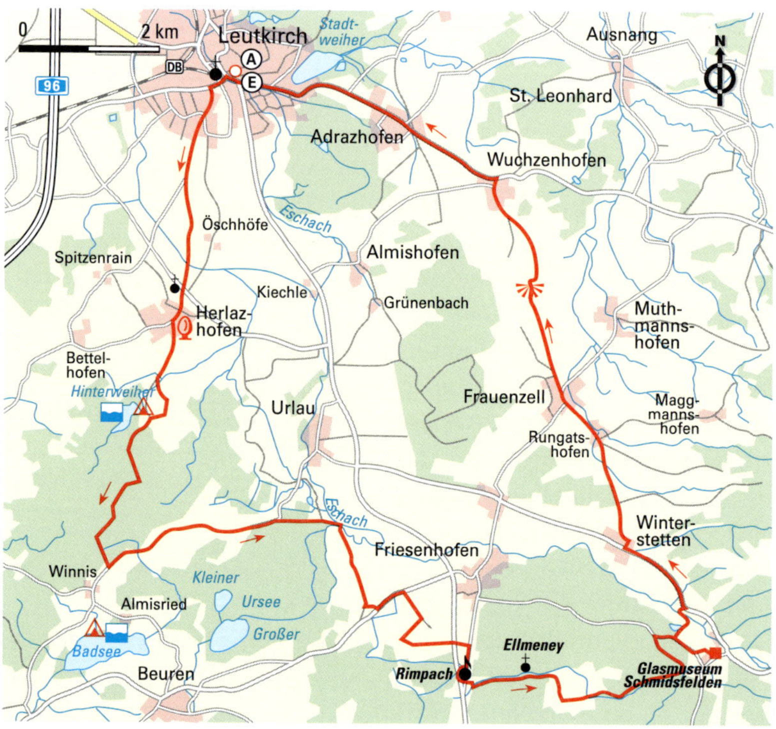

waltigen Stammumfang aufweist. Wir folgen der Straße über die weite Rechtskurve und biegen etwa 100 Meter nach dem Dorfplatz links in die Moorbadstraße ein. Sie bringt uns vorbei an zwei getrennt stehenden Einzelhöfen zu einer Straßengabelung am Waldrand. Wer jetzt schon Abkühlung braucht, fährt 300 Meter nach rechts und kann sich im Moorfreibad des Hinterweihers neben dem Campingplatz erfrischen. Wir fahren an der Straßengabelung nach links, passieren den zweiten Campingplatz auf der Südseite des Weihers und folgen stets der weiß-gelben Wegmarkierung. Die Schilder führen uns sicher durch den Wald zur Missener Straße an den Waldrand. Ein Abstecher schenkt uns eine Badepause. Dafür fährt man auf der Missener Straße rechts nach Winnis und dann nach links (einfache Wegstrecke etwa 1,5 km) zum Badsee. Nach dem Schwimmen radelt man auf gleichem Weg zurück.
Ansonsten biegen wir links ab, fahren durch Missen und noch knapp 500 Meter weiter. Dort biegt die Fahrstraße scharf links

Schloss Rimpach befindet sich in Privatbesitz.

Guten Appetit

Im Gasthof Halde in Herlazhofen genießen wir regionale Köstlichkeiten im Biergarten. Mittwoch Ruhetag, nachmittags Küchenpause, Montag und Donnerstag erst ab 16.30 Uhr geöffnet.

Im Glasbläserdorf gibt es viel zu schauen.

ab. Wir jedoch radeln geradeaus auf dem ungeteerten Weg weiter und erreichen eine Schleusenanlage. Sie regelt die beiden Bäche Fetzach und Eschach. Nach der Schleuse biegen wir rechts ab und erreichen den Weiler Speckenloch. Hier verleitet uns der Boschenhof mit seinem kleinen Hofladen dazu, unsere Käse- und Wurstvorräte aufzufüllen. Wir biegen links in die Straße ein, die uns direkt zur größeren Autostraße bringt. Nochmals links erreichen wir den ehemaligen Bahnhof von Friesenhofen und radeln rechts entlang der alten Bahnstrecke durch ein Gewerbegebiet. Am Ende der Häuser biegen wir rechts ab, fahren auf ein Gut zu und dann links zur größeren Straße, die Richtung Isny führt. Wir überqueren sie und erreichen nach rechts Rimpach mit seinem schönen Schloss. Es gehört den Fürsten von Waldburg-Zeil und ist in privatem Besitz. Südlich des Schlosses beginnt die Straße nach Ellmeney und Schmidsfelden.

Zum Glasbläserdorf Dieser Weg bedeutet gut 150 Höhenmeter Anstieg oder, falls man nicht mit viel Kondition ausgestattet ist, einen knappen Kilometer Schieben. Wem das zu viel ist, der radelt auf der Verlängerung der Dorfstraße in Rimpach in nördlicher Richtung nach Friesenhofen und dort auf der Straße nach Hitznang. Nach rechts über Winterstetten erreichen wir mit wenig Steigung Schmidsfelden. Ansonsten fahren wir zunächst auf einer Teerstraße Richtung Ellmeney. Der Ort besteht aus vier Bauernhöfen mit einer wunderschönen Kapelle. Nach dem Dorf endet der Teerweg, die Straße führt zuerst am Waldrand entlang und schwenkt dann nach rechts in den Wald. Ab hier wird der Weg steil und wirklich schlecht, sodass man zur Sicherheit besser schiebt. Nach einer kleinen Lichtung wird es wieder flacher, es geht steil abwärts zum geteerten Riedweg, der uns nach rechts direkt nach Schmidsfelden führt. Hier können wir uns in der alten Remise im Café erholen, ehe wir die beiden Glasmacherwerkstätten besuchen.

Landlust Zurück geht es zunächst auf der Straße, die wir gekommen sind, wir nehmen dann aber nicht den Riedweg, sondern radeln weiter am Waldrand entlang und passieren den Emerlander Weiher. Kurz darauf treffen wir auf eine große Landstraße und folgen ihr nach links nach Winterstetten. Im Ort geht es dann rechts Richtung Frauenzell. Beim Anstieg auf das alte Hochufer der Kürnach überqueren wir übrigens die Grenze nach Bayern. In Frauenzell müssen wir aufpassen: Im Ort biegt die Hauptstraße rechts ab, wir hingegen fahren geradeaus Richtung Wuchzenhofen. 100 Meter nach dem letzten Haus von Frauenzell biegt links ein Weg ab, der direkt nach Leutkirch führt. Wir haben die Straße vorgezogen, obwohl sie nochmals etwas ansteigt. In Luttolsberg ergibt sich so eine freie Sicht auf die Kette der Allgäuer Alpen, wie sie schöner nicht sein könnte. Von jetzt an geht es nur noch abwärts. In Wuchzenhofen biegen wir von der Hauptstraße links ab, fahren vor zur Schule und zu den Sportplätzen, um von dort wieder rechts in Adrazhofen auf eine Straße zu treffen, die uns gut ausgeschildert direkt ins Zentrum von Leutkirch zurückführt.

Leutkirch

Leutkirch ist eine moderne Stadt, die sich weit in die Umgebung hinein ausgebreitet hat. Der alte Stadtkern wird durch die Untere Grabenstraße vom jüngeren Teil des Ortes abgetrennt und folgt dem meist verloren gegangenen Mauerring. Auf seiner Südseite besuchen wir die Pfarrkirche St. Martin. Am Marktplatz steht das 1739 bis 1741 erbaute Rathaus mit seinem barock dekorierten Festsaal. Die Glashütte musste übrigens 1898 den Betrieb einstellen. Sie lag 100 Jahre lang brach, ehe sie auf Initiative des Vereins Heimatpflege Leutkirch renoviert, instandgesetzt und wiederbelebt wurde.

Der Brunnen von Schmiedsfelden

6 Von Isny nach Wangen

Zwei Städte und ruhiges Bauernland

schwer | 54 km | 700 Hm | 5 Std.

Ausgangs-/Endpunkt
Isny, Kurhaus am Park

GPS
47.694551, 10.039232

Anfahrt
Bahn: Von Kempten, Lindau oder Stuttgart nach Wangen und die Tour dort beginnen. Auto: Von München auf der A 96 bis Ausfahrt Buchlohe, weiter auf der B 12 nach Kempten, dann auf der A 7 zum Dreieck Allgäu, von dort auf der A 980 und weiter auf der B 12 nach Isny, ins Ortszentrum fahren, zahlreiche Parkplätze rund um die Altstadt.

Tourencharakter
Die abwechslungsreiche Radtour führt durch Moränenland, und das bedeutet auch, dass sich Anstiege und sausende Abfahrten regelmäßig abwechseln. Fast durchwegs nutzen wir Radwege oder kleine Nebenstraßen, manchmal muss auch ein Feldweg herhalten, um eine Hauptstraße zu umfahren.

E-Bike-Ladestation
Isny, am Kurhaus; in Wangen am Gästeamt

Information
isny.de und wangen.de

Diese Radrunde führt durch eine vielfältige Landschaft: Wiesen und Wälder, kleine Täler und gemütliche Dörfer wechseln sich ab. Zudem verläuft sie zwischen den sehenswerten schwäbischen Kleinstädten Isny und Wangen, für die wir uns Zeit nehmen sollten.

Über Seen Wir beginnen unsere Tour am Kurhaus von Isny und folgen zuerst den Radwegweisern nach Neutrauchburg. Hier fällt uns vor allem das prachtvolle Schloss auf, das von Franz Anton Graf von Waldburg-Zeil im späten 18. Jahrhundert gebaut wurde, nachdem er die Grafschaft Trauchburg geerbt hatte. Das Schloss wurde in den letzten Jahren zum Hotel umgebaut.
In Neutrauchburg biegen wir kurz nach dem Rathaus in die Argenstraße ab. Der Straße folgend überqueren wir die Argen und stoßen kurz vor Menelzhofen auf eine Querstraße. Nach rechts

erreichen wir Haubach, jetzt geht es links steil den Berg hinauf nach Hedrazhofen. Auf der Hauptstraße fahren wir nach rechts und nehmen am Ende der Bebauung links die Straße Am Seeweg. Sie führt zwischen den Seen Großer Ursee und Haldensee durch und biegt dann links ab, um am großen Campingplatz vorbei auf eine Querstraße zu treffen. Dieser folgen wir nach links nach Enkenhofen. In dem Dorf halten wir uns zuerst rechts und nehmen dann bei der Straßengabelung den linken Zweig. Dadurch vermeiden wir die sehr belebte Landstraße, auf die wir erst nach einem großen Bogen wieder stoßen. Nur wenige Meter weiter können wir ihr nochmals entfliehen. Wir fahren einen kleinen Abstecher nach rechts und dann sofort wieder nach links und kommen wieder auf die Autostraße. Diese stößt auf eine quer verlaufende Straße, wir biegen links ab und erreichen Christazhofen.

Guten Appetit

Zufällig haben wir in Wangen das Gasthaus Blaue Traube in der Zunfthausgasse entdeckt. Die Speisekarte enthält neben internationalen Gerichten vor allem schwäbische Spezialitäten in einer traumhaften Qualität. Der Zwiebelrostbraten mit Krautspätzle war ein Gedicht, genauso wie die Nachspeise – Apfelspätzle mit Eis, Zimt und Haselnüssen. Bedienung und Service waren top, so kann man das Mittagessen genießen (So und Di Ruhetag).

Linke Seite: Schloss Neutrauchburg bei Isny

Kunstvoll umstrickter Brunnen in Isny

Zum Rasenkreuz Im Dorf biegen wir links in die Lindenstraße ab und halten uns nach Bliderazhofen bei der Straßengabelung links. In Meggen biegen wir links ab und finden am Waldrand einen Hinweis auf das Rasenkreuz. Das schauen wir uns natürlich an. Am Waldrand entlang treffen wir auf einen gut ausgebauten Pfad, der in die Mitte des Feldes zu einer Kapelle führt. Hier hat man 1972 am Boden eine Stelle entdeckt, an der kaum etwas wuchs. Die Stelle hat die Form eines großen Kreuzes. Eine Erklärung hat man, soweit wir erfahren haben, bis jetzt noch nicht gefunden. Stattdessen wurde eine Kapelle erbaut und der Ort wurde zum Ziel von kleinen Wallfahrten.

Nach Wangen An der Abzweigung zum Rasenkreuz vorbei fahren wir am Waldrand entlang und in einer Serpentine runter ins Tal der Unteren Argen. Auf der Talstraße halten wir uns links und kommen über Schwenden und Buchen zu einer größeren Autostraße, auf der wir nach links Ratzenried erreichen. Das Ortsschild erschreckt ein wenig, wir denken sofort an die unwillkommenen Nager. Doch wir wurden aufgeklärt. Vor weit über tausend Jahren hat sich hier ein Herr namens Razzo ein Stück

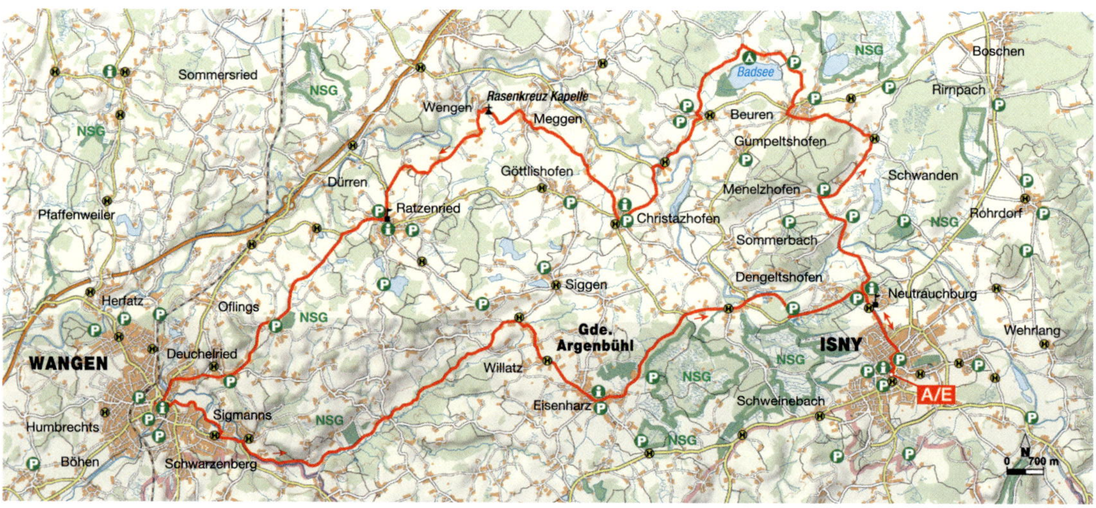

Land gerodet. Aus Razzo wurde im Laufe der Jahrhunderte Ratz und aus Rodung Ried und schon war der anrüchige Name da und lässt sich nicht mehr löschen. Das große Schloss aus dem 16. Jahrhundert beherbergt heute ein Humboldt-Institut, in dem Deutsch als Fremdsprache gelehrt wird. Interessant ist auch das

Gasthaus Zum Ochsen mit seinem zierlichen Hauszeichen. In den Gasträumen ist die alte Gerichtsstube der Herren von Ratzenried integriert.
In Ratzenried nehmen wir die Wangener Straße, biegen aber im nächsten Wald nach links Richtung Deuchelried ab. Von hier aus geht es auf der Straße weiter und immer bergab nach Wangen.

Zurück nach Isny Nach einem Rundgang durch die Stadt fahren wir vom Marktplatz aus über den Postplatz und die Kornhausstraße an das Ufer der Argen und hier links zu dem großen Parkplatz auf der anderen Seite der B 32. Unser Rückweg beginnt am Kreisverkehr am oberen Ende des Parkplatzes. Nach rechts fahren wir an dem Parkplatz und der Bebauung entlang, biegen in den Ludwig-Maurer-Weg ein und überqueren zweimal die Obere Argen. Nach der zweiten Argenbrücke fahren wir rechts auf dem Sigmannser Weg vor zur Isnyer Straße. Jetzt geht es 500 Meter nach links, dann überqueren

Dorfgemeinschaftshaus in Eisenharz

Oben links: Bemaltes Wohnhaus in der Herrenstraße von Wangen

Oben rechts: Stadtpark und Stadtmauer von Isny

wir die Argen ein drittes Mal und biegen gleich nach der Brücke rechts auf die Fahrstraße ab, die zuerst an der Argen entlangführt. Dann geht es am Waldrand entlang nach Gießen und durch den Wald nach Abris und weiter über Hainzen nach Eisenharz. Hier wurde kein Eisen abgebaut, sondern zur Zeit der Landnahme gehörte das Gebiet einem Herren Isarnhardt. Als man später den Namen nicht mehr verstand, machte man aus ihm Eisenharz.

Das Dorfgemeinschaftshaus am Hauptplatz ist ein gelungenes Beispiel der Revitalisierung eines alten Gasthauses. Das stand jahrelang leer. Kurz vor dem Verfall kaufte es die Gemeinde und die Bürger renovierten es gründlich. Jetzt bietet es Platz für die Vereine, für ein kleines Museum und für Dorfversammlungen.

Auf der Kirchstraße fahren wir aus dem Ort, passieren mit etwas Abstand das Harprechter Moos und stoßen auf eine quer verlaufende Straße, der wir nach rechts folgen. In Ried machen wir noch einen kleinen Schwenk, um dem Autoverkehr zu entkommen. An der Straßengabelung biegen wir links ab und dann sofort wieder rechts auf die kleine Straße. Sie macht einen großen Bogen und stößt dann wieder auf die Hauptstraße. Jetzt gibt es einen Radweg, der uns links nach Neutrauchburg bringt. Von hier aus fahren wir auf dem bekannten Weg nach Isny zurück.

Wangen

Wangen war über viele Jahrhunderte freie Reichsstadt und damit sehr reich. Das prägt den Ort noch heute. Drei Tore begrenzen die Altstadt mit ihrem mittelalterlichen Grundriss. Der Marktplatz war immer das Zentrum der Stadt, er ist, genau wie die Herrenstraße, Fußgängerzone. Sehenswert sind neben den Stadttoren auch das Rathaus, die Pfarrkirche, die Fachwerkhäuser am Saumarkt und die vielen netten Gassen (siehe auch Tour 3).

Oben: Die Wangener Herrenstraße ist die gute Stube der Stadt.

Linke Seite: Die Eselmühle an der Stadtmauer in Wangen

7 Von Isny zum Eistobel

Bike & Hike

mittel | 25 km | 400 Hm | 2.30 Std.

Ausgangs-/Endpunkt
Isny, Kurhaus

GPS
47.694909, 10.040096

Anfahrt
Auto: Von Kempten auf der B 12 nach Isny. Kostenlose und zeitlich unbegrenzte Parkplätze finden wir am ehemaligen Bahnhof im Achener Weg.

Tourencharakter
Leicht hügelige Rundtour meist auf Nebenstraßen, Radwegen und Feldwegen. In den Eistobel kann man nur zu Fuß wandern. Zusätzlich mindestens eine Stunde und 100 Höhenmeter für die Wanderung einplanen. Feste Schuhe und Fahrradschlösser nicht vergessen.

E-Bike-Ladestation
Isny: Am Kurhaus und am Eingang zum Eistobel

Information
isny.de

Südlich von Isny hat sich der Fluss Argen tief ins Gestein geschnitten und uns ein Naturjuwel hinterlassen: den Eistobel mit seinen kleinen Wasserfällen, Gumpen und sonnigen Kiesbänken. Erreichbar ist er nur zu Fuß, aber in Kombination mit einer Radtour ideal für einen Bike-&-Hike-Trip.

Isny und seine Quellen Am Kurhaus von Isny radeln wir los. Wir biegen in Richtung Altstadt in die Straße Unterer Grabenweg ein, fahren dann aber geradeaus. Gleich darauf passieren wir den Sauweiher und biegen links in den Schwerwiesenweg ein. Sofort halten wir uns wieder rechts und nun radeln wir durch das schöne Naturschutzgebiet im Quellgebiet der Ach. Glasklar strömt hier aus mehreren Quelltöpfen Wasser an die Oberfläche. Der Weg endet in der Kastellstraße, der wir nach

Aussichtsplattform am Biesenweiher

links folgen. Am Wendehammer halten wir uns rechts und gleich wieder links. So überqueren wir die Schnellstraße. Gleich danach geht es rechts und dann folgen wir dem Radweg in der Linkskurve in den Ortsteil Kleinhaslach hinein.

Römerkastell und Baggerweiher Wir durchqueren das Wohngebiet auf der Salzstraße, an ihrem Ende liegt ein kleiner Kreisverkehr. Geradeaus auf der Wiese befand sich einst ein Römerkastell. Ein Pfad führt auf den kleinen Hügel, aber außer der Erhebung ist nicht mehr viel zu sehen. Wir radeln nach rechts weiter und verlassen Isny und seinen Vorort endgültig. Leicht bergab passieren wir einen Wanderparkplatz. Im Sommer lockt der nahe grünblaue Baggersee Burkwanger zu einem Sprung ins Wasser. Ansonsten bleiben wir in Fahrtrichtung und unterqueren kurz darauf die große B 12. Auf der an-

Auf eine Radlertankstelle mit frischem Apfelsaft stoßen wir am Rückweg.

Oben: Das Wasser des Baggersees bei Isny leuchtet verführerisch blau, ist aber eiskalt.

deren Seite geht es geradeaus nach Kleinholzleute, wo wir links abbiegen. Bald treffen wir wieder auf die B 12 und ein Radweg bringt uns rechts nach Großholzleute. Dort treffen wir auf die Untere Argen, für die Weiterfahrt biegen wir noch vor dem Fluss

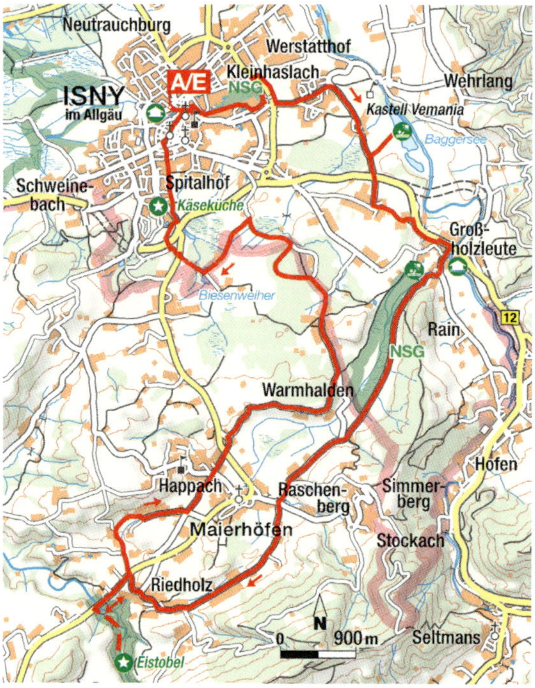

links in die Haselbergstraße ein. Geradeaus lohnt sich ein Blick auf das historische Gasthaus Schwarzer Adler. Bereits 1683 gab es hier eine von den Thurn und Taxis betriebene Posthalterei, wobei das Gebäude in seinen Grundmauern wohl sogar noch viel älter ist.

Guten Appetit

Unterwegs liegt im ersten Drittel der Tour der bekannte historische Gasthof Adler in Großholzleute (adler-grossholzleute.de). Nach dem Besuch des Eistobels erreichen wir unweit von Maierhöfen das Naturhotel und Restaurant Sontheim's, das feine Allgäuer Küche bietet. Es ist am Wochenende ab 11.30 Uhr geöffnet, unter der Woche erst ab 16 Uhr (Mo Ruhetag). Am Ende der Radrunde gibt es dann noch eine große Auswahl an Gaststätten in der Altstadt von Isny.

Über Maierhöfen und Riedholz zum Eistobel Die Haselbachstraße führt uns aus dem Ort und bald passieren wir den Hengelesweiher. Jetzt radeln wir auf einer kleinen Landstraße, rechts von uns mäandert der Maierhöfner Bach durch die Wiesen. Vorbei an einigen typischen Allgäuer Bauernhäusern nähern wir uns Maierhöfen. Unmittelbar am Ortsanfang halten wir uns dann links und an der Wegeverzweigung gleich wieder rechts. Unser nächstes Ziel Riedholz ist ausgeschil-

dert. Die Straße führt entlang von Wiesen und Weiden und wir erreichen den Ort, den wir auf der Hauptstraße durchradeln. Kurz nach dem Ortsende von Riedholz stoßen wir auf eine große Landstraße. Ihr folgen wir auf einem Radweg nach links, es geht über die hohe Argentobelbrücke und unmittelbar dahinter biegen wir rechts ein, um in der Nähe des Eistobel-Kiosks die Räder abzustellen und abzusperren.

Der Baggersee bei Isny gilt als Geheimtipp.

Links: Nur zu Fuß geht es durch den Eistobel.

Eistobel Jetzt geht es zu Fuß weiter. Am Kiosk, bei dem wir unseren Obulus für die Wegbenutzung entrichten, steigen wir nun steil hinab. Etwas verwirrend für uns wird die kleine Schlucht Eistobel genannt und nicht Argentobel wie die Brücke. Unten am Talboden angekommen, folgen wir dem noch unspektakulären Fluss. Wir passieren sonnige Kiesbänke. Doch dann taucht der harte Nagelfluh auf, der dem fließenden Wasser mehr Widerstand entgegensetzt als der Sandsteinboden. Damit entstehen

Stufen im Flussbett, über die das Wasser kaskadengleich nach unten stürzt. Es bilden sich Strudel, kleine Löcher und größere Badewannen. Auch wenn es verlockend scheint, sich hineinzusetzen, ist es in Wirklichkeit lebensgefährlich. Die Wasserströmungen lassen sich nicht erkennen. Auf der anderen Flussseite liegen bald hohe Nagelfluhwände, von denen nach viel Regen ein Wasserfall strömt. Die Kiesbänke laden zur Pause ein, für uns geht es auf dem bestens ausgebauten Weg immer weiter. Wir können bis zum Ende des Tobels an einer Brücke gehen. Irgendwann müssen wir auf dem gleichen Weg zurück, um wieder zu unseren Fahrrädern zu gelangen.

Liebliche Hügellandschaft Zurück im Sattel radeln wir über die Argentobelbrücke und weiter bis zur Abzweigung nach Riedholz. Diesmal biegen wir links ein, damit folgen wir der Straße, die gegenüber der Abzweigung nach Riedholz abzweigt (Schild Gestratz). Gleich nach wenigen Pedalumdrehungen macht die Straße eine Linkskurve, hier bleiben wir geradeaus, passieren den Bauernhof und biegen gleich danach links in den Wiesenpfad ein, der als Skulpturenweg ausgeschildert ist. Das ist ein schmaler Wanderweg, der entlang eines Bächleins aufwärtsführt. Er ist nicht ganz einfach zu befahren, Wanderer haben absoluten Vorrang. Wer möchte, kann ein Stück schieben, denn es gibt ein paar Skulpturen zu bewundern. Oben treffen wir bei einem Steinmetzkünstler auf eine kleine Straße, der wir nach links bis zu einer Kreuzung mit einem großen Bildstock folgen. Hier biegen wir links ein, radeln über Felder mit Abstand an Maierhöfen vorbei und gleich geht es geradeaus durch den Weiler Happach.

Käsküche Isny

Am südlichen Ortsrand von Isny liegt in der Maierhöfener Straße 78 die kleine Käserei, die sich liebevoll Käsküche nennt. Hier wird im Sommer jeden Tag frisch Biokäse produziert. Den nimmt man sich auch gerne für zu Hause mit. Ein Bioladen ist angeschlossen (kaeskueche-isny.de).

Nach Isny über den Waldweiher Dahinter überqueren wir wieder die größere Landstraße und radeln aufwärts nach Vorholz. Gleich nach dem ersten Haus biegen wir rechts ein und nun geht es mit schöner Aussicht und im steten Auf und Ab über Warmhalden in den Wald nach Wolfsbühl mit seiner hübschen Kapelle. Auch hier fahren wir weiter geradeaus, bis sich am Waldrand die

Straße teilt. Wir halten uns links und kurz darauf rechts, und bergab geht es schließlich über den Rotbach. Dahinter verlassen wir den Wald und kommen an ein Wegedreieck. Für uns geht es nach links weiter und kurz darauf halten wir uns nochmals links, um wieder in den Wald zu gelangen. Der Feldweg endet am Biesenweiher, der mit einem schönen Rastplatz an einem Steg aufwartet. Zum Finale geht es für uns vor dem Weiher nach rechts. Jetzt folgen wir der Beschilderung nach Isny, die uns mit einem Rechts-links-Schwenk hinauf zu einer Brücke über die große B 12 bringt. Dahinter rollen wir rechts hinab zum Ortanfang von Isny, den wir an der Käserei Käsküche erreichen. Wir bleiben noch kurz in Fahrtrichtung, um gleich nach rechts auf einen schmäleren Weg einzubiegen, der uns an einer Wiese entlangführt. So erreichen wir die Wilhelmstraße und auf ihr die Stadtmauer am Diebesturm. Eine Lücke in der Mauer lässt uns in die Altstadt fahren, wir halten uns rechts und erreichen so den Marktplatz am Bläserturm. Nun geht es durch die Fußgängerzone, die Wassertorstraße, bis zum gleichnamigen Stadttor. Dahinter sind wir links schnell wieder am Kurhaus, unserem Ausgangspunkt.

Bizarr sind die Strudel und Becken im Eistobel.

Oben: Typisches Allgäuer Bauernhaus mit Schindeln bei Maierhöfen

8 Von Buxheim nach Illerbeuren

Zwischen Iller, Aitrach und Lautrach

mittel | 40 km | 150 Hm | 3.45 Std.

Ausgangs-/Endpunkt
Buxheim, Kartause

GPS
48.000520, 10.133728

Anfahrt
Bahn: Mit dem Zug von Memmingen nach Tannheim/Baden-Württemberg, dann setzt die Tour erst dort ein.
Auto: Von München auf der A 96 bis Ausfahrt Memmingen Nord, der Beschilderung nach Buxheim folgen. Dort gebührenpflichtige Parkplätze an der Kartause Buxheim.

Tourencharakter
Rundtour meist auf Radwegen und kleinen Nebenstraßen, zur Hälfte im Schatten. Zwei Steigungen sind zu bewältigen.

E-Bike-Ladestation
Buxheim, im Brunogarten am Eingang zum Kartausenmuseum; Illerbeuren, am Gemeindeamt

Information
buxheim.de

Auf den Spuren von Kunst und Kultur radeln wir an der Grenze zwischen Bayern und Baden-Württemberg, besuchen Highlights wie die Kartause in Buxheim oder das Bauernhof Museum in Illerbeuren und radeln auf dem Iller-Radweg.

Ins Württembergische Wir starten vom Eingang zur Buxheimer Kartause und radeln zurück auf die dorthin führende Zufahrtsstraße. An der Vorfahrtsstraße halten wir uns links und rollen bergab entlang des malerischen Mühlbachs auf der Hauptstraße durch den Ort. Es geht unter der Eisenbahnstrecke hindurch, danach wählen wir rechts die Illerstraße. Sie bringt uns vorbei am Wanderparkplatz bis zur Iller, wo wir auf einem kleinen Fußweg unterhalb der Eisenbahnbrücke unsere Räder schiebend ans andere Ufer queren. Hier stehen wir nun schon in Baden-Württemberg.
Wir wenden uns auf dem Iller-Radweg für 200 Meter nach Süden. Gleich darauf zweigt rechts ein Weg ab, dem wir durch Arlach folgen. Über Felder queren wir den Illerkanal und kommen nach Tannheim.

Über Keltengräber entlang der Aitrach nach Aichstetten Vorbei am Bahnhof und am rosafarbenen Raiffeisenturm biegen wir unmittelbar vor der Bahnschranke links in den Härdtleweg ein. So kommen wir in den Wald, wo wir gleich auf die auffälligen Hügelgräber aus der Hallstadtzeit treffen. Wir folgen dem Hauptweg zunächst geradeaus durch den Wald, halten uns dann links, bis wir in der Nähe des Illerkanals wieder auf einen größeren Waldweg treffen, dem wir weiter flussaufwärts folgen. So erreichen wir den Weiler Mooshausen. Am Pfarrhaus biegen wir links in die Bärtlestraße und passieren die kleine Dorfkirche. Am Ortsausgang überqueren wir die größere Autostraße, im Anschluss die Bahngleise, und wir müssen nun unsere Kraft für den kleinen Anstieg sammeln. Wenn wir den Wald verlassen, ha-

Einkehrfreuden im Gromerhof in Illerbeuren

ben wir es geschafft. Die Straße endet an einem Bauernhof, den wir nach links und gleich wieder rechts umrunden. Nun fällt die Straße zum Haslacher Stausee hinab. Doch Vorsicht ist geboten, eine Schranke versperrt den Weg. Wir bleiben geradeaus und radeln auf dem schattigen Uferweg, den See zu unserer Rechten. An seinem Ende müssen wir über den kleinen Zulauf, danach radeln wir nach links und biegen gleich darauf erneut links ab. Stets geradeaus, alle Abzweigungen ignorierend, stoßen wir schließlich auf eine Autostraße. Auf ihr radeln wir nach links nun leicht bergauf und folgen dieser Straße knapp 900 Meter. Dann verlassen wir die Straße nach rechts in einen Forstweg, der schnurgerade nach Süden verläuft und nach Aitrach ausgeschildert ist. Nach etwa 700 Metern biegen wir links ein und folgen dem Waldlehrpfad abwärts (Vorsicht, am Ende gibt es wieder eine Schranke!), bis wir

Guten Appetit

In Aichstetten steht das moderne Restaurant Meyerei, dessen gute Küche uns sehr imponiert hat. Es gibt leckere Salate, italienische Wochen und mit Käsespätzle und Zwiebelrostbraten genügend Gerichte, um einen Allgäuer zu begeistern. Besonders das Schnitzel Meyerei ist uns in Erinnerung geblieben.

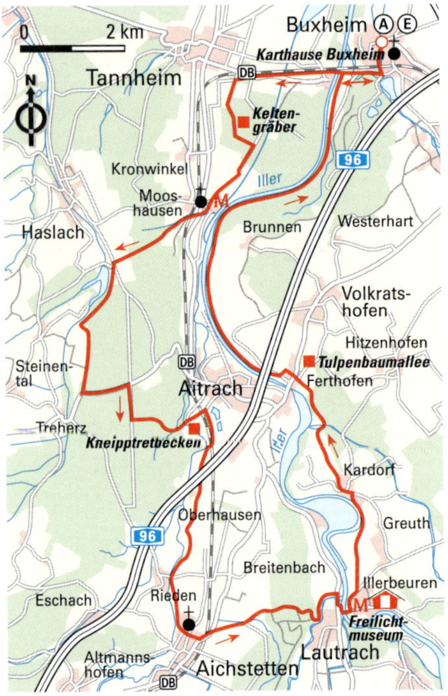

Reich verziertes Fachwerkhaus im Illerbeurener Freilichtmuseum

am Kneipptretbecken vorbei die Aitrach überqueren. Nun radeln wir auf das große Betonwerk zu, wenden uns aber vor den Eisenbahnschienen nach rechts und folgen der Beschilderung nach Aichstetten auf der kleinen Landstraße.

Zum Museumsdorf In Aichstetten radeln wir zur Ortsmitte und halten auf die Kirche zu. Direkt davor biegen wir links in die Kirchstraße ein und folgen ihr hinauf bis zur Hauptstraße. Auf ihr geht es nach links und dann folgen wir an der Bahnschranke rechts der Beschilderung nach Lautrach. Noch eine Steigung ist zu bewältigen, bis wir schließlich über zwei Kurven hinab nach Lautrach rollen. Durch den Ort fließt die Lautrach, der wir bis zur Hauptstraße folgen. Auf ihr radeln wir ein Stück nach rechts, überqueren zunächst die Lautrach, die sich hier mit der Iller vereint, und kehren dann links über die neue Illerbrücke zurück auf bayerischen Grund und Boden. Gleich nach der Brücke geht es nach links und wir folgen der Beschilderung zum Bauernhofmuseum Illerbeuren (siehe Tour 13).

Auf dem Iller-Radweg zurück zur Kartause Buxheim Nach der Besichtigung radeln wir zurück bis zur Memminger Straße, der

In den Wäldern südlich von Buxheim ist es angenehm schattig zu radeln.

wir nun 100 Meter nach rechts folgen, um dann links in Richtung Karldorf einzubiegen. Über Felder geht es am Illerstausee entlang.

In Karldorf halten wir uns links, unser nächstes Ziel ist Ferthof. Auf dem Weg dorthin steht uns die letzte Auffahrt bevor, ehe wir flott hinunter nach Ferthof kommen.

Im Ort geht es nun wenige Meter nach links, dann gleich wieder nach rechts auf den Iller-Radweg. Buxheim ist bestens ausgeschildert. So kommen wir an die Iller und radeln einsame neun Kilometer an dem Allgäuer Fluss entlang, dazu noch flussabwärts. Vorbei an Staustufen und dem Illerbruch erreichen wir wieder die Eisenbahnbrücke, die wir vom Hinweg kennen. Nun ist es nicht mehr weit zurück zur Kartause Buxheim.

Buxheim und seine Kartause

Die Mönche des katholischen Ordens der Kartäuser lebten abgeschnitten von der Welt in kleinen Zellen, die rund um einen Kreuzgang gebaut sind, um zu beten und Gott zu loben. Heute sind alle Ordensniederlassungen geschlossen, die Klöster verkauft, abgebrochen oder verfallen. Buxheim ist eines der wenigen Klöster Europas, das als Bau erhalten geblieben ist. Hier können wir noch den Kreuzgang besichtigen und uns über den Orden informieren. Sehenswürdigkeiten sind zudem das Chorgestühl von Ignaz Waibl und Kirchenbauten der Gebrüder Zimmermann.

9 Von Memmingen nach Ottobeuren

Reichsabtei und Tal der Günz

mittel | 35 km | 430 Hm | 3 Std.

Ausgangs-/Endpunkt
Memmingen, Marktplatz

GPS
47.9864, 10.1833

Anfahrt
Bahn: Memmingen ist mit der Bahn gut erreichbar.
Auto: Von München auf der A 96 bis Ausfahrt Memmingen Ost, Richtung Stadtzentrum fahren und in einem der zahlreichen Parkhäuser parken.

Tourencharakter
Rundtour auf meist geteerten Radwegen oder wenig befahrenen Nebenstraßen. Wenige, relativ kurze Strecken sind auch ungeteert.

E-Bike-Ladestation
Memmingen, Am Schrannenplatz

Information
memmingen.de; ottobeuren.de

Ein kleines, aber interessantes Naturschutzgebiet, weite Wiesen und Felder auf flachen Hügeln begleiten uns nach Ottobeuren, das von seinem gewaltigen Kloster geprägt ist. Der Rückweg führt uns auf einem ehemaligen Bahndamm durch das Tal der Günz zurück nach Memmingen, wo wir dann noch viel Zeit haben, die Stadt zu besichtigen.

Zur Reichsabtei Startplatz ist der Marktplatz von Memmingen, wo wir durch die Kalchstraße Richtung Bahnhof fahren. Eine Unterführung bringt uns auf die andere Seite der Gleisanlagen. Unmittelbar nach der Unterführung biegen wir rechts in spit-

Am Anfang der Runde erreichen wir die Riedkapelle mit dem Infozentrum Benninger Ried.

zem Winkel in die Feudenthalstraße ein, die vor dem städtischen Schwimmbad endet. An ihm vorbei kommen wir über die Kastanienallee zum breiten Tiroler Ring. Hier geht es etwa 250 Meter nach rechts, dann biegen wir links in die Riedbachstraße ein. Sie bringt uns zu den auffälligen Bauten der Firma Rohde und Schwarz. Genau gegenüber zweigt links der schmale Hoppenriedweg ab, auf dem wir über Wiesen und Felder zum Naturschutzgebiet Benninger Ried kommen. Das wollen wir uns genauer ansehen, deshalb fahren wir zum Ortsrand von Benningen und biegen beim Parkplatz links zur Riedkapelle ab. Das ist eine uralte Wallfahrtskirche, die auf ein legendäres Hostienwunder zurückgeht. Vor der Kapelle führt ein Trampelpfad über eine feuchte Wiese zu einem Holzsteg, von dem man das aus dem Boden

Turm des Kreuzherrenklosters hinter dem Memminger Marktplatz

Memmingen

Nach der Radtour ist noch Zeit für einen Bummel durch Memmingen. Es gibt mehrere Rundwege. Unbedingt gesehen haben sollte man den Marktplatz mit dem prachtvollen Steuerhaus und dem nicht minder großartigen Rathaus. Der offene Stadtbach bringt uns zum Schrannenplatz mit dem Fischerbrunnen und von hier aus durch die Lindentorstraße zum Siebendächerhaus. Das war das ehemalige Haus der Gerber, die einzelnen Dachetagen dienten zum Trocknen ihrer Felle. Auch die Martinskirche mit ihrem beeindruckenden Chorgestühl ist einen Besuch wert.

quellende Wasser gut beobachten kann, das das Benninger Ried zu einem Feuchtgebiet macht. Das Benninger Ried steht unter Naturschutz, aufwendige Renaturierungsmaßnahmen sorgen dafür, dass es in seiner Einmaligkeit erhalten bleibt.

Wir kehren zum Parkplatz zurück und nehmen den Kapellenweg, der die Memminger Straße kreuzt und dann zur Raiffeisenstraße wird. Immer weiter geradeaus passieren wir die Dorfkirche, dann beginnt die Alpenstraße, die schließlich zur Straße Am Zeil wird. Auf ihr fahren wir kurz nach links und erreichen die große Ortsumgehung. Wir überqueren sie und dann beginnt ein langer, schön geteerter Weg über die Felder. An einem Bildstock vorbei passieren wir Hetzlinshofen, können aber noch einen Abstecher ins Dorf zum Gasthof Rössle machen, das allerdings mittags nur am Wochenende geöffnet hat. Egal ob geöffnet oder nicht, die Aussicht von hier oben ist wunderschön. Denn das Gasthaus steht am höchsten Punkt des Dorfes, an dem einst ein Schloss stand. Ein als Kapelle gestaltetes Denkmal erin-

Bildstock zwischen Benningen und Hetzlinshofen im Morgennebel

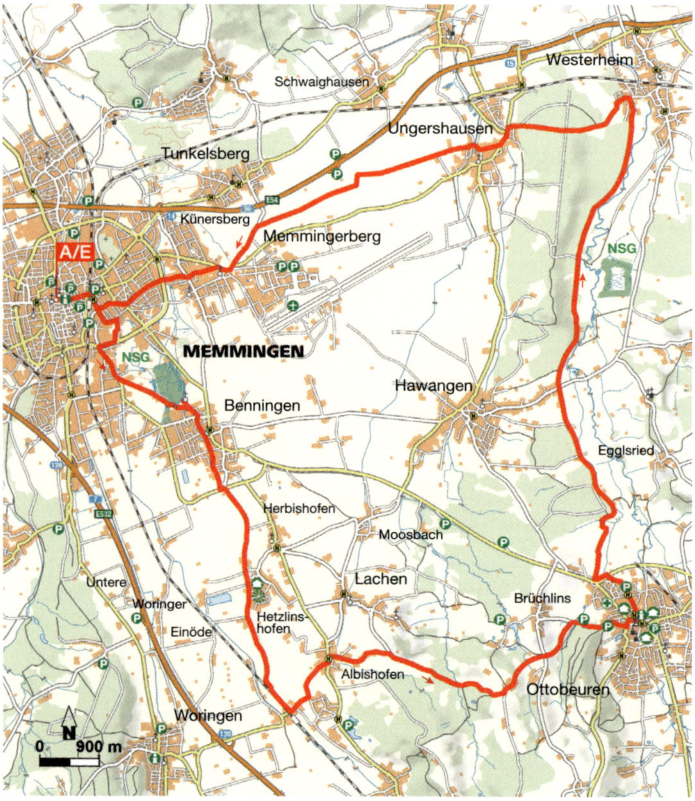

nert daran. Wir fahren auf unseren Radweg zurück und erreichen die Gleise der Illertalbahn mit dem aufgelassenen Bahnhof von Woringen. In die Hauptstraße biegen wir links ein und folgen ab hier dem gut ausgeschilderten Weg nach Ottobeuren. Er bringt uns bergauf zuerst an den Rand von Goßmannshofen und dann nach Albishofen. Hier biegen wir links in die Allgäuer Straße ein, um schon nach etwa 100 Metern rechts in die Nieheser Straße abzubiegen. Dieser folgen wir zuerst durch eine Feld- und Wiesenlandschaft. Sie wandelt sich nach einem kleinen Wald in eine Almlandschaft. Hier geht es steil auf schlechtem Weg

Guten Appetit

In Ottobeuren kann man hervorragend im Gasthof zum Mohren am Marktplatz essen. Es gibt bodenständige Allgäuer Küche in einer sehr guten Qualität. Wer eine Variation probieren möchte, versucht den Schwabenteller, eine Mischung aus Krautkrapfen, Käsespätzle mit Pilzsauce und Maultaschen. Darüber hinaus gibt es in Memmingen zahlreiche Gaststätten und Cafés aller Art, genauso in Ottobeuren.

Der Stadtbach zieht sich durch Memmingen.

aufwärts. Wer kein Mountainbike oder kein E-Bike hat, steigt am besten ab, um zu schieben. Zum Glück ist diese schlechte Wegstrecke nur knapp 500 Meter lang. Dann begleitet uns wieder der Teer unter den Rädern. Wir durchqueren ein flaches Tal und einen kleinen Wald, um dann fast unvermittelt zu einem Parkplatz zu kommen, der uns einen schönen Blick auf Ottobeuren mit seiner riesigen Klosteranlage gewährt. Bergab sausen wir nun in den Ort direkt zur ehrwürdigen alten Abtei, für die wir uns natürlich Zeit nehmen sollten. Die Klosterkirche ist ab 9 Uhr geöffnet, das Klostermuseum im Sommer täglich von 10 bis 12 Uhr und von 14 bis 17 Uhr.

Am Kloster vorbei radeln wir abwärts zum Marktplatz von Ottobeuren mit seinem prächtigen Rathaus. Hier bietet sich reichlich Gelegenheit zum Mittagessen.

Zurück am Günztal-Radweg Von der Rupertstraße oberhalb des Ottobeurener Marktplatzes zweigt die Bergstraße ab, der wir leicht bergauf aus dem Ort folgen. Kurz vor der großen Umgehungsstraße fahren wir links auf einen kleinen Radweg und überqueren die Straße auf einer kleinen Holzbrücke. Nach der Brücke geht es etwa 200 Meter nach links, dann zweigt rechts der Günztal-Radweg ab. Bestens ausgeschildert führt er immer am Westrand des Günztales entlang in das etwa acht Kilometer entfernte Westerheim. Dort biegen wir nach links in die Ungerhauser Straße ab. Am Waldrand beginnt das zweite ungeteerte Wegstück unserer Tour, aber es ist gut zu befahren. Nach dem Wald kommt der Teer zurück, wir fahren zur Hauptstraße von Ungershausen, wenden uns nach links und überqueren den Krebsbach. Noch ein paar Meter, dann biegen wir rechts in die Vöhlinstraße ein. Dem Radwegsymbol folgend geht es aus dem Ort und dann schnurgerade über die Felder. Der Weg macht einen kleinen Bogen nach links, über den Wiesen können wir die Flugzeuge am Flughafen Memmingen starten und landen sehen. Früher ein wichtiger Fliegerhorst des Militärs, wird er heute von Urlaubern benützt.

Wir treffen auf eine Autostraße und fahren nach links zu einem Verkehrskreisel. Ab hier folgen wir stets den Schildern »Memmingen, Altstadt« und erreichen schließlich durch die Vororte von Memmingen die uns bekannte Freudenthalstraße, die uns wieder zur Bahnunterführung und damit zurück zum Marktplatz von Memmingen bringt.

Rechte Seite: Die Klosterkirche von Ottobeuren ist ein Gesamtkunstwerk des späten Barocks.

10 Von Mindelheim nach Katzbrui

Entlang der Mindel

leicht | 44 km | 400 Hm | 4 Std.

Ausgangs-/Endpunkt
Mindelheim, Bahnhof

GPS
48.045119, 10.501149

Anfahrt
Bahn: Mindelheim liegt an der Bahnlinie Augsburg–Lindau und an der Mittelschwabenbahn. Auto: Von München auf der A 96 bis Ausfahrt Mindelheim, weiter ins Stadtzentrum von Mindelheim, der Bahnhof ist ausgeschildert. Dort einige Park-and-ride-Parkplätze.

Tourencharakter
Eine Radtour, die überwiegend auf Radwegen und kleinen Nebenstraßen verläuft. Im Mittelteil ist die Strecke etwas hügelig.

E-Bike-Ladestation
Mindelheim, Maximilianstraße 24 (beim Rathaus)

Information
mindelheim.de

Mindelheim ist der ideale Ausgangspunkt für Radtouren durch das hügelige Bauernland im Unterallgäu. Von Flüssen und Bächen durchzogen ist Wasser nie weit. So auch bei dieser Tour entlang der Mindel, die zu dem urigen Mühlen-Wirtshaus Katzbrui führt.

Entlang der Mindel Startplatz ist der Mindelheimer Bahnhof. Die Besichtigung Mindelheims wollen wir uns für den Rückweg aufsparen. Deshalb wenden wir uns, mit den Gleisen im Rücken, nach links und radeln auf dem Dr.-Jochner-Weg entlang der Gleise. Gleich darauf biegen wir schräg rechts ab, um im Dr.-Jochner-Weg zu bleiben. Wir überqueren die große Bad Wörishofer Straße und setzen unsere Tour im Mühlweg fort. Jetzt passieren wir den Sportplatz und die große Realschule, dahinter biegen wir links ein und folgen der Radwegbeschilderung nach Apfeltrach. Vorbei an zwei aufgestauten Weihern geht es an der Mindel und einem Kanal entlang nach Süden. Wir queren die Bahnstrecke und mit ein paar Zickzacks auch die Autobahn. Gleich darauf sind wir in Apfeltrach. Der Leonhardiweg bringt

Das Rathaus am Mindelheimer Marienplatz

Gemütlich ist es im Biergarten des Gasthauses Katzbrui-Mühle.

uns links in die Ortsmitte. Das Dorf besitzt zwei Gotteshäuser. Sehenswert ist vor allem die Wallfahrtskirche Sankt Leonhard mit ihren spätgotischen Fresken. Die Bildreihe stammt aus der Zeit um 1440 und erzählt aus dem Leben von Maria und Jesus. Zurück geht es wieder an die Mindel und von dort weiter auf dem Mindelradweg über die Felder nach Süden. So kommen wir nach Dirlewang und können am Wochenende in Luke's Café & Biergarten in der Nähe der Sportplätze eine erste Pause einlegen.

Von Dirlewang nach Katzbrui Am südlichen Ortsrand von Dirlewang biegen wir rechts in die Allgäuer Straße ein, die uns über den Weiler Alesrain nach Köngetried bringt. Über die Grünegger Straße geht es an der Pfarrkirche St. Stephanus vorbei zur Dorfstraße, der wir nach links folgen. Wieder über die Felder macht die Straße bald einen Rechtsbogen. Genau dort fahren

Guten Appetit

Die Katzbrui-Mühle ist gut 500 Jahre alt, das Gasthaus gibt es noch nicht so lange, verwöhnt uns jedoch täglich ab 11 Uhr mit Allgäuer Spezialitäten und frischen Forellen. Die urige ehemalige Stube des Müllers ist jetzt Wirtsstube, aber auch im Freien sitzt man gemütlich in einem Gastgarten. Ein Mühlenmuseum ist angeschlossen, denn die Getreidemühle ist immer noch funktionsfähig. Sehenswert ist auch die kleine Kapelle mit ihrem meditativen Charakter, die an den Quellen steht (katzbrui-muehle.de).

wir geradeaus und biegen dann links ab. Bergab erreichen wir im Talgrund den Katzbruier Bach und unser Ziel, das Gasthaus Katzbrui-Mühle, eine fast schon legendäre Wirtschaft, in der wir uns eine Brotzeit oder ein Mittagessen genehmigen können. Die Mühle geht in das frühe 16. Jahrhundert zurück, ihre heutige Form stammt aus der Zeit nach dem Dreißigjährigen Krieg, als sie nach den Zerstörungen wiederaufgebaut werden musste.

Schönstes Unterallgäu Nach der Rast fahren wir wieder zur Straße hinauf, auf der wir gekommen sind. Weiter nach Süden radeln wir bis Hinterbuchenbrunn mit seiner kleinen Kapelle aus dem 18. Jahrhundert. Vor der Kapelle geht es rechts abwärts und wir biegen gleich am Ortsbeginn von Vorderbuchenbrunn links ab, um weiter in südlicher Richtung zu bleiben. Über die Felder erreichen wir Wineden. Dort biegen wir an der Wendelinskapelle links ab und kommen über Rappen geradeaus nach Bayersried. An der großen Kreuzung biegen wir links ab, um nach etwa 200 Metern rechts den Radwegschildern zu folgen, die uns nach Warmisried bringen. Jetzt haben wir die hügelige Strecke hinter uns und für den Rest des Wegs geht es ziemlich flach dahin.

Zurück an der Mindel In Warmisried biegen wir links in die Salzstraße, verlassen abwärts das Dorf und queren an der Salzstraßmühle die Mindel. Kurz darauf biegen wir rechts in den

Mindelheim

Nach der Radtour ist noch Zeit für einen Spaziergang durch Mindelheim. Die Besichtigung beginnt man am besten am Marienplatz mit dem prächtigen Rathaus, an dem der Landsknechtführer Georg von Frundsberg auf den Marktbetrieb schaut. Er ist wohl der berühmteste Sohn der Stadt Mindelheim. Geboren und auch gestorben ist er auf der Mindelburg hoch über der Stadt. Eine der schönsten Kirchen der Stadt ist die Jesuitenkirche, die Maria Verkündigung geweiht ist. Ihre Stuckausstattung gehört zum Feinsten, das der Allgäuer Barock zu bieten hat. Übrigens haben sich die Mindelheimer den Kirchturm gespart, weil das Gotteshaus direkt neben dem Unteren Tor steht. Das Gegenstück in der Stadtmauer ist das Obere Tor, das zur Zeit der Fasnacht zum größten Faschingsnarren der Welt wird. Interessant sind auch die vier Museen im alten Jesuitenkolleg sowie das Heimatmuseum im Franziskanerinnenkloster und das Turmuhrenmuseum in der ehemaligen Silvesterkapelle.

Radweg ein und erreichen, der Beschilderung folgend, wieder Dirlewang, wo wir auf dem bekannten Weg nach Mindelheim zurückkehren. Um in die Altstadt zu gelangen, bleiben wir entlang der Mindel und biegen dann rechts in die Memminger Straße ab. Sie wird beim Unteren Tor zur Maximilianstraße, die uns direkt ins Stadtzentrum mit dem prächtigen Rathaus bringt.

Links: Das Wasser plätschert durch die Mühle von Katzbrui.

Sanfte Hügellandschaft zwischen Dirlewang und Köngetried

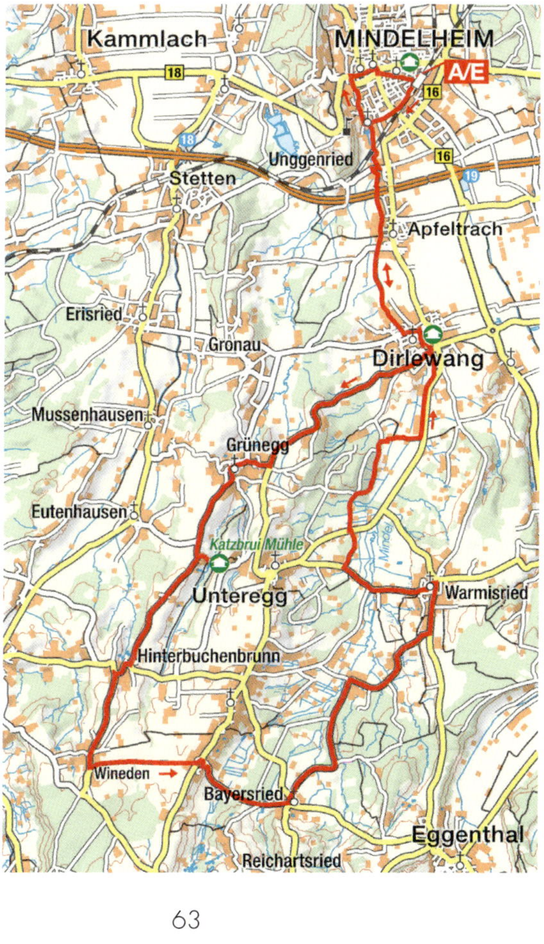

11 Von Mindelheim nach Bad Wörishofen

Auf dem Pfarrer-Kneipp-Weg zwischen Wertach und Mindel

leicht | 39 km | 160 Hm | 3.15 Std.

Ausgangs-/Endpunkt
Mindelheim, Bahnhof

GPS
48.045119, 10.501149

Anfahrt
Bahn: Mindelheim liegt an der Bahnlinie Augsburg–Lindau und an der Mittelschwabenbahn. Auto: Von München auf der A 96 bis Ausfahrt Mindelheim, weiter ins Stadtzentrum von Mindelheim, der Bahnhof ist ausgeschildert. Dort einige Park-and-ride-Parkplätze.

Tourencharakter
Rundtour meist auf Radwegen und kleinen Nebenstraßen, kurzer Abschnitt über einen Waldweg. Eine Steigung zu Beginn, ansonsten vorwiegend eben

E-Bike-Ladestation
Mindelheim: Maximilianstraße 24 (beim Rathaus); Bad Wörishofen: Kurhaus, Hauptstraße 16, und Parkhaus Kurpromenade, Hauptstraße 44

Information
mindelheim.de

Zwischen der Wertach und der Mindel radeln wir entlang einiger der schönsten schwäbischen Städtchen, die wir großzügig zum Randbereich des Allgäus zählen. Dabei stehen Kunst, Kultur und Sehenswürdigkeiten auf dem Programm.

Von der Mindelburg ins herzögliche Türkheim Wir starten vom Bahnhof in Mindelheim und kehren dem Stadtzentrum gleich den Rücken zu, denn die Stadtbesichtigung von Mindelheim ist unser krönender Abschluss. Mit Blick auf den Bahnhof geht es nach links, nach Norden auf dem Zeppelinweg. An einem Supermarkt treffen wir auf die B 18, der wir auf einem Radweg nach rechts unter den Bahngleisen hindurch folgen. Auf diesem Weg verlassen wir Mindelheim und radeln neben der großen Autostraße bergauf. So kommen wir in den Wald und verlassen den Radweg bald nach links auf eine kleine Nebenstraße, die nach St. Anna ausgeschildert ist. Wir erreichen den kleinen Weiler, hinter dessen Kapelle wir nun in den Waldweg radeln, der sofort etwas nach links und dann quer über eine Wiese führt, wo-

bei der Weg kaum ersichtlich ist. Gleich darauf ist im Wald ein breiter, aber von Wurzeln durchsetzter Forstweg, auf dem wir eine kleine Wegekreuzung erreichen. Für uns geht es geradeaus. So verlassen wir den Wald bergab über Wiesen und kommen an einigen Fischweihern vorbei zu einer geteerten Straße, die wir an einem Kneipptretbecken erreichen.
Hier wenden wir uns nach links und radeln durch die relativ junge Allee aus Linden- und Ahornbäumen unter der Eisenbahnstrecke hindurch, um danach rechts in den Ort Oberrammingen einzubiegen. Wir treffen auf die breite Hauptstraße, die wir nach rechts in den Frauenweg queren. Nun geht es schnurgeradeaus über Felder und an einigen Kiesweihern vorbei, bis wir den Ortsrand des Marktes Türkheim im Neubaugebiet in der Laternenstraße erreichen. Auf ihr und der

Historisches Hauszeichen am Gasthaus Bäurle »Zum Rössle« in Türkheim

Oben: Biergarten am Großen Schloss in Türkheim

Altbürgermeister-Wiedemann-Straße geht es bis zur großen Wörishofener Straße, wo wir links durch das Ludwigstor mit seinen königlichen Wappen in die Altstadt von Türkheim radeln.

Auf dem Pfarrer-Kneipp-Weg Weiter geht es über die Grabenstraße, die gegenüber des Alten Schlosses und des heutigen Rathauses beginnt. Der Hauptstraße folgend, erreichen wir die Wertach und biegen dort rechts auf den Flussuferweg ein, der Jakobsweg und Pfarrer-Kneipp-Weg ist. Unser Weg führt durch einen Auwald, wir passieren ein Kneippbecken unten am Fluss und kommen an ein mehrstufiges Stauwehr. Vor allem im Frühjahr bietet sich hier ein prächtiges Bild. Die frühere Mühle liefert heute Strom. Beim Zollhaus geht es unter der Landstraße, der Eisenbahnstrecke und der Autobahn durch. Dann radeln wir ohne Verkehrslärm weiter zum Wörishofener Stausee. Wir ignorieren die Schilder rechts nach Bad Wörishofen, bleiben in Seenähe und fahren am kleinen Wanderparkplatz hinauf zum Ufer des aufgestauten Sees, wo es auf dem Wertachdamm weitergeht. So erreichen wir den Ortsteil Stockheim und biegen rechts in die große Dorfstraße ein. Jetzt folgen wir der Radwegbeschilderung nach Bad Wörishofen durch den Ort, bis uns ein Radwegschild nach links über die Felder führt. Schnurgerade geht es in westliche Richtung, bis wir nach einer Unterführung und der Alleedurchfahrt auf den Ortsrand des Kurstädtchens treffen.

Türkheim und sein Schloss

Kurfürst Ferdinand Maria löste 1666 die Herrschaft und übergab diese seinem Bruder Maximilian Philipp. Als der Kurfürst 1679 überraschend starb, wurde Maximilian Philipp Vormund seines Neffen Max Emanuel. Nach dessen Volljährigkeit zog er sich mit seiner Frau Mauritia Febronia vom Hof zurück und residierte fortan in Türkheim. So erlebte Türkheim in den gut 25 Jahren der herzoglichen Herrschaft eine Blütezeit, die heute noch sichtbar ist, etwa durch das Große und das Kleine Schloss, das ehemalige Rathaus und die prachtvoll ausgestattete spätgotische Kirche.

Entlang der Mindel Nach der Allee geht es geradeaus und wir folgen der Schlingerstraße bis zu ihrem Ende. Dann biegen wir rechts auf die Gammenriederstraße ab, die zur Hauptstraße wird. Dort folgen wir jedoch dem Linksknick der Vorfahrtsstraße und erreichen den Beginn des Kurparkviertels. Dabei wenden wir uns auf der Straße noch wenige Meter nach rechts und biegen links auf den nur für Fußgänger und Radfahrer

Linke Seite: Apfeltrach mit der Mindel

freigegebenen Weg ein. Er führt uns am Kurparkrand entlang, vorbei an großen Villen und, indem wir uns rechts halten, am großen Hotel Steigenberger Sonnenhof. Nach dem Ortsende von Wörishofen radeln wir durch eine herrliche Birkenallee nach Schöneschach. Leicht aufwärts sind wir gleich dort. Weiter geht

Maximilian-Philipp-Straße mit dem alten Rathaus in Türkheim

Rechts: Wertach bei Bad Wörishofen

es auf der Straße, die zwischen der Linde und der Kirche aus dem Ort führt. Der Weg führt nach links und wir erreichen eine größere Vorfahrtsstraße. Hier geht es nochmals nach links, steil bergab bis Altensteig. Wir finden die ersten Wegweiser nach Dirlewang und Mindelheim. Dafür biegen wir in Altensteig rechts in die Adlerstraße, wählen jedoch links die Bürgermeister-Mayr-Straße als Radweg über Dirlewang nach Mindelheim. Wieder geht es vollkommen flach, aber mit einigen Kurven über Felder, dann sind wir in Dirlewang, das bereits an der Mindel liegt.

Wir erreichen den Fluss, indem wir uns durch den Ort geradeaus halten. Zunächst überqueren wir ihn, dann biegen wir rechts in den Römer-

Guten Appetit

Unterwegs gibt es zahlreiche Einkehrmöglichkeiten in Türkheim, Bad Wörishofen und am Ende der Tour in Mindelheim.

weg ein. Kurz hinter den Tennisplätzen geht es direkt an seinem Ufer entlang Richtung Norden. So geht es an Apfeltrach vorbei, unter der Autobahn hindurch und schließlich immer am Wasser entlang. Südlich von einem Fischweiher erreichen wir ein Schleusen- und Kanalsystem, wo früher das Wasser zur nahen

Moosmühle umgeleitet wurde. Für uns geht es zwischen dem Sportplatz, der Mindel und dem höhergelegenen Fischweiher entlang. An der Schule biegen wir links in die Georgenstraße ein und passieren den großen Parkplatz, von dem die Wanderwege hinauf zur Mindelburg führen. Ganz am Ende der Georgenstraße stoßen wir auf den Altstadtring im Zentrum von Mindelheim. Ihm folgen wir noch 150 Meter nach links und biegen dann rechts durch das Stadttor in die Maximilianstraße ein.

Am anderen Ende der Prachtstraße verlassen wir die Altstadt durch das obere Tor und biegen rechts auf die große Straße ein. Wir folgen am Kreisverkehr nur noch der Beschilderung zum Bahnhof und erreichen so unseren Ausgangsort am Bahnhof von Mindelheim. Wer möchte, verbringt den Rest des Tages in der malerischen Altstadt von Mindelheim.

Von der Hauptstraße in Bad Wörishofen starten wir zur Besichtigung der Altstadt und dem ehemaligen Wohnhaus von Pfarrer Kneipp.

12 Von Bad Wörishofen zum Kloster Irsee

Klöster und Kirchenkunst am Wertachweg

leicht | 38 km | 150 Hm | 3.45 Std.

Ausgangs-/Endpunkt
Bad Wörishofen, Bahnhof

GPS
48.005651, 10.597248

Anfahrt

Bahn: Bad-Wörishofen ist über die Bahnstrecke Türkheim–Bad-Wörishofen an die Strecke Buchloe–Memmingen angebunden; Direktverbindungen nach Augsburg und Buchloe. Auto: Von München auf der A 96 bis Ausfahrt Türkheim/ Bad Wörishofen, weiter ins Stadtzentrum von Bad Wörishofen, Beschilderung zum Bahnhof folgen. Dort gebührenpflichtige Parkgarage.

Tourencharakter
Rundtour meist auf Radwegen und kleinen Nebenstraßen, zur Hälfte im Schatten. Zwei Steigungen sind zu bewältigen.

E-Bike-Ladestation
Kurhaus, Hauptstraße 16, Parkhaus Kurpromenade, Hauptstr. 44, Hartenthaler Hof, Harthenthal 2

Information
bad-woerishofen.de

Bei dieser Fluss- und See-Radtour genießen wir Naturschönheiten, ein Vogelbrutparadies und Feuchtauen, an denen wir uns kaum sattsehen können. Historische Sehenswürdigkeiten und Stauwehre auf dem Weg bieten viel Abwechslung.

Die Wertach ein See? Wir starten vom Bahnhof in Bad Wörishofen und radeln nach Norden über den Bahnhofsplatz parallel zu den Bahngleisen. An der ersten Möglichkeit geht es nach rechts, wir überqueren die Gleise und biegen unmittelbar dahinter auf den Fuß- und Radweg ein, der weiter neben den Gleisen verläuft. Auch die nächsten beiden Straßen überqueren wir und folgen der Beschilderung zum Sportpark. Erst nach dem Eisstadion und dem Jugendtreff biegen wir rechts ein und folgen den Schildern nach Irsingen. Unter der großen Bundesstraße hindurch passieren wir den kleinen Segelflugplatz. 500 Meter später bleiben wir an einer Wegkreuzung geradeaus und biegen kurz

Die Wertach wurde bei Bad Wörishofen zum Frankenhofener See aufgestaut.

darauf nach links ab, in nördliche Richtung. Wir halten uns rechts, durch einen kleinen Wald geht es bald wieder über Felder, wo wir geradeaus alle Abzweigungen ignorieren, bis wir am kleinen Yachtgelände auf den Damm am Irsinger Stausee treffen. Hier biegen wir rechts ab und radeln hinauf zur Dammkrone. Jetzt sehen wir die große Wasseroberfläche des Sees, der auch Wörishofer oder Wertach-See genannt wird, denn durch ihn fließt der Allgäuer Fluss zur nahen Staustufe.

Guten Appetit

In Irsee gibt es die wunderbare Klosterschänke mit dazugehöriger Klosterbrauerei, eine echte Institution. Geöffnet täglich 10–23 Uhr.

Oben: Dorfplatz von Schlingen

Ein See nach dem anderen Nun geht es auf dem Wertachradweg völlig verkehrsberuhigt nach Süden. Im Ortsteil Stockheim stoßen wir auf eine Straße, diese überqueren wir und folgen der Beschilderung nach Schlingen in die Grünaustraße, der wir auch

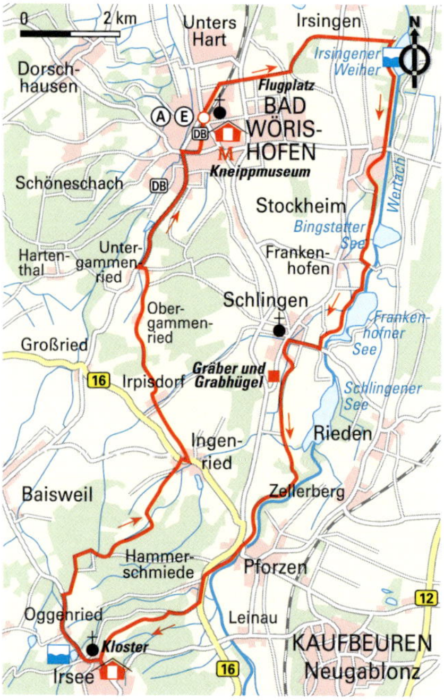

Sonniger Rastplatz am Bingstetter See

in die Sackgasse hinein treu bleiben. An deren Ende geht es auf schmalen Pfaden in die Flussauen hinein, bis wir auf einen breiteren Weg treffen, der uns in Wertach-Nähe in südliche Richtung führt. Nach einer Staustufe passieren wir das Vogelbrutparadies des Bingstetter Sees. Wir queren einen kleinen Seitenarm, halten uns wieder links und kommen so zurück ans Ufer der Wertach. Der historischen Wertachbrücke bei Frankenhofen statten wir einen Besuch ab, wir bleiben unserer bisherigen Seite treu und wenden uns vor der Brücke nach rechts. Nach wenigen Minuten haben wir das nächste Stauwehr erreicht.

Wir schieben die paar Meter neben der Fischtreppe unser Fahrrad hinauf zur Dammkrone und folgen dort dem sehr schmalen Wiesenpfad entlang des Frankenhofer Sees. Nach einer kleinen Staustufe im Wasser erreichen wir eine Autostraße, die uns nach rechts führt. So erreichen wir Schlingen. Ein Besuch der Rokokokirche St. Martin in der Ortsmitte ist ein absolutes Muss.

Auf dem Römerweg zum Kloster Irsee Von der Schlingener Kirche geht es wenige Meter zurück, dann halten wir uns rechts in die Römerstraße und folgen der Beschilderung nach Pforzen. Über Felder kommen wir wieder an den Fluss. An der Wertach-

brücke in Pforzen bleiben wir weiter geradeaus und folgen noch ein Stück weit der Beschilderung nach Kaufbeuren. Im nächsten Weiler, kurz hinter dem historischen Elektrizitätswerksgebäude Hammerschmiede, nehmen wir dann Abschied von der Wertach. Nach dem Campingwagen-An- und -Verkauf überqueren wir die Bundesstraße und radeln in den Irseeweg. Dieser teilt sich sofort, beide Wege sind nach Irsee ausgeschildert. Wir wählen den linken und nun steht uns der erste Anstieg bevor. Danach wird es schon wieder flacher. Die erste Abzweigung nach links ignorieren wir, erst an der Weggabelung im Wald wählen wir den linken Forstweg, der mit einem Wanderwegschild bezeichnet ist. Über Felder geht es auf Irsee zu und hinter den Bäumen erkennen wir schon die Doppeltürme der Klosterkirche.

Gemütliche Cafés am Denkmalplatz in Bad Wörishofen

Oben: Die Wege sind gut ausgeschildert.

Zurück in die Kneippstadt Nun geht es auf den Rückweg. Dafür müssen wir erst bergauf durch den Ort. Wir fahren auf der Straße, auf der wir zum Kloster hinuntergeradelt sind, bleiben geradeaus und radeln auf der Oggenrieder Straße bergab am Irseer Klosterweiher vorbei. Jetzt heißt es den Schwung der Abfahrt mitnehmen, denn es steht ein weiterer Anstieg bis zum nächsten Weiler Oggenried an. Wir durchradeln den Weiler und passieren 350 Meter später ein einsames Haus. Dahinter biegen wir rechts in den Feldweg ein, das Radwegschild ignorierend. Aussichtsreich und autofrei geht es über einen Höhenzug des ehemaligen Wertachufers. Von hier oben blicken wir weit über das ganze Tal bis hinüber zum Hohenpeißenberg. Im Wald wenden wir uns nach rechts und folgen der Wanderweg-Beschilderung nach Ingenried. Nun geht es abwärts. Trotzdem sollten wir nicht zu schnell hinunterbrausen, denn die Beschilderung nach Ingenried wechselt ein paarmal die Richtung und die Schilder sind leicht zu übersehen.

Wir erreichen den kleinen Weiler im Eisbachweg, um kurz darauf auf die größere Straße zu treffen. In diese biegen wir für wenige Meter rechts ein, verlassen sie aber in der Kurve nach links in den Irpisdorfer Weg. Wieder gibt es zwei Möglichkeiten, den Radwegschildern zurück nach Bad Wörishofen zu folgen. Wir wählen die linke Variante und folgen der Straße über Felder nach Irpisdorf. Im Weiler weist uns ein Radwegschild nach rechts in Richtung Gammenried, vorbei an der historischen Genossenschaftsmolkerei und der kleinen Kapelle Anna Selbtritt. Gleich nach dem Rechtsknick der Straße geht es nach links, wir verlassen den Weiler und radeln über Felder in den Wald hinein. So sind wir schnell in Obergammenried. Weiter geradeaus kommen wir zu einer größeren Straße, auf der wir ebenfalls weiter in nördlicher Richtung bleiben. Vorbei am Waldsee sind wir kurz darauf am Ortsrand der Kneippschen Kurstadt. Geradeaus entlang der Hauptstraße kommen wir automatisch in den Genuss der wichtigsten Sehenswürdigkeiten von Bad Wörishofen. Am Luitpold-Leusser-Platz mit seinem sprudelnden Springbrunnen biegen wir rechts in die Bahnhofstraße ein und stehen kurz darauf wieder am Ausgangspunkt unserer Radtour.

Irsee und seine Klosterkirche

Die Benediktinerabtei Irsee war seit dem 15. Jahrhundert bis zur Säkularisation Reichsabtei, also von keinem Fürsten abhängig und nur dem Kaiser unterstellt. Kein Wunder, dass wir prachtvoll gestaltete Klostergebäude bewundern können, in denen heute ein Bildungszentrum des Bezirkes Schwaben seinen Platz gefunden hat. Die Klosterkirche von 1704 ist ein Werk des Vorarlberger Baumeisters Franz II. Beer, ihre als Schiff gestaltete Kanzel gehört zu den seltenen Kostbarkeiten des süddeutschen Barocks.

Rechte Seite: Für den Besuch von Irsee gibt es zwei gute Gründe: die Klosterkirche und die Brauerei samt Gasthof.

13 Radrunde um Maria Steinbach

Zwei Wallfahrtskirchen am Illerhochufer

mittel | 35 km | 420 Hm | 3.30 Std.

Ausgangs-/Endpunkt
Maria Steinbach

GPS
47.888842, 10.138019

Anfahrt
Auto: Von München auf der A 96 bis Ausfahrt Aitrach und von dort nach Lautrach. Auf der St 2009 weiter Richtung Süden. Wir bleiben auf dieser Illerseite und biegen gut einen Kilometer nach der Abzweigung Illerbeuren links nach Maria Steinbach ab. Großer Parkplatz gegenüber der Kirche.

Tourencharakter
Rundtour meist auf geteerten, aber wenig befahrenen Straßen und auf ungeteerten Feldwegen. Etwa einen Kilometer müssen wir das Rad schieben, was durch einen großartigen Ausblick belohnt wird.

E-Bike-Ladestation
Foyer des Freizeit- und Tourismuszentrums Steinbach am Wald, Rathaus Illerbeuren

Information
illerwinkel.de; bauernhofmuseum.de

Eine Tour mit drei kulturellen Höhepunkten: das schwäbische Bauernhofmuseum in Illerbeuren und zwei Wallfahrtskirchen. Zwischen diesen Highlights erfreut uns das liebliche Allgäuer Voralpenland mit dem Illerhochufer.

Zurück in die Geschichte Wir beginnen unsere Radtour an der prachtvollen Wallfahrtskirche in Maria Steinbach, fahren den Kirchenhügel hinab und unten dann links durch das Dorf. Beim Gasthof Löwen (geschlossen) geht es wieder leicht aufwärts zum alten Hochufer der Iller. Kurz vor dem letzten Haus des Ortes steht auf der rechten Straßenseite eine uralte Linde. Wenn wir nicht ganz am Anfang der Tour wären, würde uns die Bank un-

ter dem Baum zu einer Rast verleiten. Trotzdem lohnt ein Blick zurück, denn er zeigt uns die Wallfahrtskirche in ihrer ganzen Pracht hoch über dem Ort.

Nur wenige Meter weiter biegt rechts ein Feldweg ab, der durch den Wald nach Illerbeuren führt. Diesen Weg nutzen wir nicht, denn wir kennen ein ganz besonderes Vergnügen. Dafür fahren wir abwärts zur Hauptstraße und biegen rechts in den Rad- und Wanderweg ein, der uns parallel zur Straße im Wald nach Illerbeuren bringt. Jetzt kommt eine Überraschung. Obwohl man dem Weg sein Gefälle nicht ansieht, führt er doch ganz gleichmäßig abwärts. Wir gestehen es gerne, wir haben es als Genuss empfunden, rund einen Kilometer in respektablem Tempo zu radeln, ohne einmal treten zu müssen. Das Geheimnis ist einfach, wir fahren auf der alten Bahntrasse, die bis 1972 von Memmingen nach Legau führte. Kurz vor Illerbeuren queren wir die Iller und schon sind wir in dem bekannten Dorf angekommen.

Guten Appetit

Der malerische Gromerhof mit seinem bunten Fachwerk gehört eigentlich zum Freilichtmuseum Illerbeuren, ist jedoch als Gasthaus frei zugänglich. Hier legt man großen Wert auf schwäbische Küche, bietet aber auch ausgewählte vegetarische Mahlzeiten an (Mo Ruhetag).

Illerbeuren und sein Gromerhof sind das Ziel vieler Radfahrer.

In Illerbeuren sollten wir unsere Radrunde unterbrechen und dem in ganz Süddeutschland bekannten Schwäbischen Bauernhofmuseum einen Besuch abstatten. Der Weg zum Museum ist gut ausgeschildert.

Illererlebnissteg Nach der Besichtigung radeln wir in der Kronburger Straße weiter. Sie führt bis Wagsberg am Hochufer der Iller entlang, dann biegt sie links ab, um eine alte, schon längst ausgetrocknete Flussschleife zu umrunden. Kurz vor den nächsten Bauernhäusern biegen wir rechts ab und kommen zu einer Straßengabelung vor Unterbinnwang. Wir nehmen den rechten Zweig, radeln durch Unterbinnwang und erreichen schließlich Oberbinnwang, wo die Straße nach links abschwenkt. Genau an dieser Stelle führt ein Feldweg in südlicher Richtung aus dem Dorf. Den nutzen wir und kommen nach etwa 500 Metern an einen Wald.

Hier können wir nun einen Abstecher nach links einlegen, wobei wir ein Stück davon schieben müssen. Zunächst führt er am Waldrand entlang und macht dann einen Knick nach rechts zum Illerhochufer. Dann folgt das Schiebestück oder wir parken die Räder. Ein Stück weiter öffnet sich der Wald, der uns bisher den direkten Blick auf die Iller verwehrt hat. Wir sind am Aussichtspunkt Rotkreuz und unter uns liegen die Illerschleife bei Kaltbronn und das weite Illertal.

Der direkte Weg führt relativ steil mit 17 Prozent Gefälle hinunter an die Iller (wenn viele Wanderer unterwegs sind, schieben wir besser), wo wir dann am neu angelegten Illererlebnissteg mit seinem Aussichtsturm und der 81 Meter langen Hängebrücke eine Rast einlegen. Natürlich besteigen wir den Aussichtsturm und bestaunen die große Fischtreppe, außerdem können wir die Füße ins Wasser strecken und die Kinder haben viel Platz zum Spielen. Dann schieben wir die Räder über die Brücke und radeln auf der an-

Ältestes Freilichtmuseum Bayerns

Der Restaurator, Bildhauer und Kreisheimatpfleger Hermann Zeller stellte zur 2000-Jahrfeier der Gemeinde Illerbeuren seine reiche heimatkundliche Sammlung zur Verfügung, sodass 1955 das Bauernhofmuseum offiziell eröffnet wurde. Damit ist es das älteste Freilichtmuseum Bayerns. Ursprünglich war es nur ein Haus, das für die Besucher offenstand. Heute kann man bei mehr als 30 Gebäuden in die Vergangenheit schauen. Großen Wert legt die Museumsleitung auf den Erhalt alter und schon fast vergessener Arbeitstechniken, die man miterleben oder sogar neu erlernen kann.

deren Flussseite wieder bergauf. So kommen wir über Felder nach Graben, wo sich die Straße nach links wendet und wir dann mit der Beschilderung nach Legau dem Straßenverlauf nach rechts folgen. Wir stoßen auf eine größere Autostraße, der wir nun nach rechts in den Legauer Ortsteil Lehenbühl mit der Wallfahrtskirche Maria Schnee folgen. Auch hier lohnt sich der Blick in das barocke Innere, die Kirche wurde ursprünglich als Pestkirche außerhalb des Ortes erbaut. Danach radeln wir weiter auf der Lehenbühlstraße zum Marktplatz von Legau. Nach der Pfarrkirche biegen wir rechts auf die Lautracher Straße ab, die wir jedoch schon nach knapp 300 Metern wieder rechts in die Steinbacher Straße verlassen. Sie bringt uns über weite Wiesen und Felder und durch den Ort Engelharz durchwegs eben direkt nach Maria Steinbach zu unserem Ausgangspunkt zurück.

Am Illererlebnissteg gibt es eine hohe Aussichtswarte.

Oben: Am Rückweg besuchen wir die zweite Wallfahrtskirche Maria Schnee bei Legau.

14 Zwischen Dietmannsried und Altusried

Im Kluftinger-Land

leicht | 23 km | 250 Hm | 2 Std.

Ausgangs-/Endpunkt
Dietmannsried

GPS
47.808837, 10.290037

Anfahrt
Bahn: Zug von München oder Augsburg Richtung Kempten, Haltestelle Dietmannsried.
Auto: Von München auf der A 96 bis Memmingen und weiter auf der A 7 nach Norden bis zur Ausfahrt Dietmannsried. In die Ortsmitte zum Rathausplatz. Dort sind einige Parkplätze vorhanden.

Tourencharakter
Reizvolle Rundtour überwiegend auf verkehrsfreien Radwegen und einigen Nebenstraßen. Ein paar wenige Steigungen im Bereich des Illerhochufers

E-Bike-Ladestation
Marktplatz Altusried

Information
altusried.de

Die eher kurze Tour bringt uns in die Heimat des Romanhelden Kommissar Kluftinger, der im Allgäu ermittelt, aber in Altusried zu Hause ist. Landschaftlich sehr reizvoll führt ein Teil der Strecke überwiegend einsam entlang der Iller.

Nach Altusried Der Start liegt heute in Dietmannsried in der Bahnhofstraße. Wir radeln in nördliche Richtung, die Gleise zu unserer rechten Seite. An deren Ende biegen wir links in die Memmingerstraße, der wir bergab bis zur großen Kreuzung folgen. Dort biegen wir rechts in die Krugzellerstraße und folgen ihr geradeaus aus dem Ort. Der Radweg bringt uns in einem

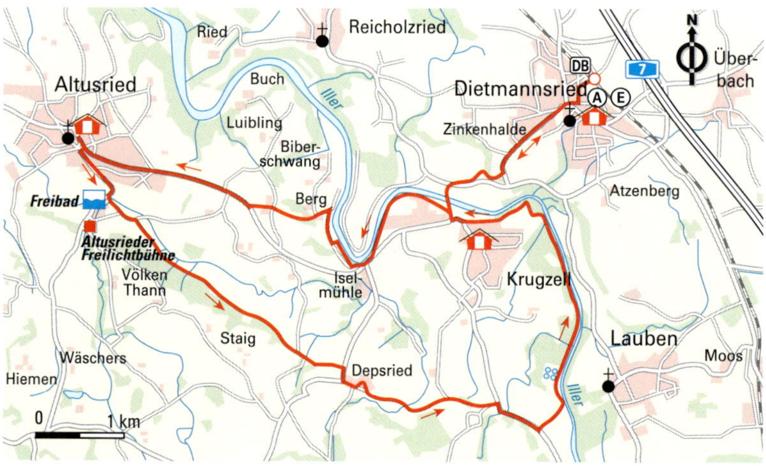

Bogen weg von der Autostraße und führt bergab zur Iller, die wir auch überqueren. Gleich nach der Brücke wählen wir die erste Möglichkeit nach links auf den ungeteerten Feldweg, der am Rande eines Industriegebietes verläuft. Mit freiem Blick auf die Iller geht es flussabwärts. Wir nähern uns der Autostraße, bleiben jedoch in Flussnähe und umkurven so eine Illerschleife. Dann weist uns das »Altusried«-Radwegschild nach links, steil

hinauf zum Illerhochufer: Bei 16 Prozent Steigung müssen wir wohl schieben. In Bergs sind wir auf der Anhöhe und radeln bis zur großen Staatsstraße. Hier geht es entspannt auf einem Radweg nach rechts bis in die Ortsmitte von Altusried.

Guten Appetit

Der Gasthof Zum Bären in Altusried fällt schon von Weitem durch seine bemalte Fassade auf. Ein Besuch enttäuscht nicht. Zu Mittag wird schwäbische Küche angeboten, das Schweinenackensteak mit Speckbohnen war ein Hochgenuss. Kein Wunder, dass es zum großen Renner des Hauses wurde (Mo und Di Ruhetag).

Über den Altusrieder Gemeindeweg Wir verlassen Altusried auf der Hauptstraße in südlicher Richtung, biegen dann rechts in die Andreas-Hofer-Straße ein. Der Radweg ist nach Wiggensbach/Depsried ausgeschildert. Bergab verlassen wir Altusried und biegen unmittelbar vor dem Freibad links in die kleine Straße ein. An der alten Gansmühle mit ihrem Weiher und der kleinen Kapelle halten wir uns rechts und radeln auf einem Feldweg zwischen Feldern und dem Waldrand. In der Wiesensenke fließt der Altusrieder Bach, mehr zu erahnen als zu sehen. Geradeaus in östlicher Richtung gabelt sich an einem großen frei

Oben: An der Iller bei Krugzell

stehenden Baum der Weg. Wir halten uns rechts und treffen in Depsried auf eine geteerte Straße. Wir durchqueren den Weiler und radeln weiter Richtung Osten. Die kleine Straße mündet in Gries in eine größere Autostraße. Dieser folgen wir gut 500 Meter nach rechts und biegen dann links in die Straße zum Klärwerk ein. Gleich nach dem Kies- und Betonwerk halten wir uns rechts und radeln an das Flussufer.

Links: Historischer Pfarrhof in Dietmannsried

Gasthaus zum Bären in Altusried

Biber an der Iller An den Auwäldern der Iller geht es in nördliche Richtung. Wer genau aufpasst, findet links und rechts des Wegs Biber-Bissspuren. Die kleinen Nager haben trotz der starken wirtschaftlichen Nutzung des Illerwassers den Fluss wieder für sich entdeckt. Nach dieser herrlichen Wasserfahrt erreichen wir den Ortsrand von Krugzell, wo wir in der Nähe der Illerbrücke wieder auf die Straße stoßen, die wir vom Hinweg kennen. Wir müssen wieder aufwärts nach Dietmannsried radeln und schon sind wir nach einer entspannten Radrunde an unserem Ausgangspunkt.

Kommissar Kluftinger

Die Bücher rund um den Allgäuer Kommissar Kluftinger des Autorenduos Michael Kobr und Volker Klüpfel sind Bestseller. 2003 erschien der erste Band, dem bis heute elf weitere folgten. Die Romanfigur Kluftinger lebt in Altusried und ermittelt meist quer durch das ganze Allgäuer Gebiet. Dabei greifen die Autoren immer wieder auf Allgäuer Sehenswürdigkeiten, Landstriche, historische Geschichten und Legenden zurück.

Linke Seite: Pfarrkirche St. Blasius und Quirinus über dem Wassergraben in Dietmannsried

15 Von Kempten zum Niedersonthofener See

Um die Allgäuer Metropole

leicht | 32 km | 200 Hm | 3 Std.

Ausgangs-/Endpunkt
Kempten, Illersteg am Illerstadion

GPS
47.728638, 10.318258

Anfahrt
Bahn: Zahlreiche Verbindungen von München oder Augsburg nach Kempten. Vom Bahnhof kann man dann über die Wiesstraße und Eicherstraße zum Iller-Radweg radeln. Auto: Von München auf der A 96 bis Memmingen und weiter auf der A 7 oder ab Buchloe über die B 12 nach Kempten zum Illerstadion. Dort kostenfreie Parkplätze.

Tourencharakter
Reizvolle Rundtour entlang der Iller und des Niedersonthofener Sees. Überwiegend auf ungeteerten Radwegen und schmalen Nebenstraßen.

E-Bike-Ladestation
Bikebox, absperrbare Schließfächer und reichlich Steckdosen am Illersteg, Grabengasse und Stiftsplatz in Kempten

Information
kempten.de

Eine Traumtour inmitten von Hügeln und trotzdem schön flach, mit Möglichkeit zum Baden im Niedersonthofener See und mit viel Zeit für die Besichtigung von Kempten, der Metropole des Allgäus.

Zum Iller-Radweg Auf dem Illersteg überqueren wir gleich zu Beginn den Fluss und radeln auf der Kemptner Altstadtseite Richtung Süden. Um den richtigen Einstieg in den Iller-Radweg zu finden, folgen wir der Beschilderung mit dem kleinen weißen Quadrat. Sie führt uns durch die Illerstraße und geradeaus in die Brennergasse, die in die Seuterstraße übergeht. Wir folgen dem Straßenverlauf über den Alten Holzplatz in die Kesselstraße. An deren Ende, wenn die Straße ansteigt, halten wir uns links auf den schmaleren Radweg, der uns unter den Brücken hindurchführt. Wir passieren einige Wehre, die einst vor allem für die in Kempten ansässige Textilindustrie erbaut wurden, aber noch heute zuverlässig Strom produzieren. Die Textilindustrie hat ih-

Der Niedersonthofener See liegt malerisch im Illertal.

Herrschaftliche Häuser säumen den Residenzplatz von Kempten.

ren Ursprung im großflächigen Flachsanbau des Allgäus. Der Begriff »Blaues Allgäu« (Flachs blüht blau) stammt aus dieser Zeit. Zuerst gab es überall Hauswebereien, die den Flachs zu Leinen verarbeiteten. Der kleine Nebenerwerb brach durch die Mechanisierung und den Import billiger Baumwolle zusammen. Diese wurde dann im 19. Jahrhundert in den größeren Textilindustriebetrieben der Stadt Kempten weiterverarbeitet. Außer einigen zum Teil stark verfallenen historischen Industriegebäuden ist jedoch auch davon nicht mehr viel übrig geblieben.

Guten Appetit

Am Ende der Tour in Kempten gibt es jede Menge Möglichkeiten zur Einkehr. Unterwegs liegt das Landgasthaus Seehof in der Nähe des Niedersonthofener Sees direkt an unserem Radweg und punktet neben der guten Küche mit einer Badestelle samt großer Liegewiese.

Nach Süden Flott geht es an der Iller entlang. Für die nächsten Kilometer begleiten uns der Fluss und seine Auenwälder. Wir passieren die kleine, fast einsam liegende Kirche St. Cosmas und Damian von Rauns. Nach einer weiteren Flussbiegung sehen wir am gegenüberliegenden Ufer den Kirchturm von Ried. Nun ist es nicht mehr weit und wir verlassen bei Flusskilometer 116,8 die Iller nach rechts auf den Feldweg. Das nächste Ziel, den Kirchturm von Martinszell, haben wir direkt vor Augen. So erreichen wir die Illerstraße, die wir zum Gasthof Adler hochfahren. Direkt am Gasthof biegen wir links ein, radeln die Serpentinen hinauf und queren die breite B 19 sicher durch eine Unterführung nach Oberdorf. Den Ort durchradeln wir zunächst auf der Vorfahrtsstraße, biegen dann aber gleich nach den Gleisen rechts in die Seestraße ein. So erreichen wir den Niedersonthofener See am großen Badegelände. Nach einer Badepause radeln wir auf

Kempten

Kempten zählt zu den ältesten Städten Deutschlands. Seine Gründung geht auf die Eroberung des Alpenvorlandes durch die Römer um 15 v. Chr. zurück. Die Ausgrabungen der einstigen römischen Stadt Cambodunum sind im Archäologischen Park am östlichen Illerufer zu besichtigen. Oder wir bummeln durch die historischen Altstadtgassen rund um den Rathausplatz und den St.-Mang-Platz und besichtigen die Residenz mit dem Hofgarten und die St.-Lorenz-Basilika. Im dortigen Chorgestühl entdecken wir beim genauen Hinsehen einen hölzernen schuhplattelnden Putten.

dem ab hier geschotterten Weg geradeaus weiter. An der nächsten Wegabzweigung biegen wir links zum See hinunter ab. Ein kleiner Steg verbindet den Mittleren und den Oberen See.

Rückfahrt durch Allgäuer Siedlungen Wir kommen zum Weiler Insel, wo wir nach rechts abbiegen. Danach steuern wir auf die Kirche von Memhölz zu. Vor dem Gasthaus zum Ochsen geht es nach links und gleich wieder nach rechts, kurz darauf sind wir in Wachters. Nun fahren wir weiter über die Häuser von Wies, immer der Teerstraße nach, bis unser Weg bei Rohr in eine weitere Teerstraße mündet. Hier halten wir uns links und folgen durch Rohr der Beschilderung nach Walkerts. Gleich nach der Unterquerung der B 12 biegen wir rechts ab und radeln nun stur 3,2 Kilometer geradeaus über alle Kreuzungen. Nach einem kleinen Anstieg biegen wir an der Kreuzung rechts ab und radeln durch die Siedlung »Am Gersbühl« abwärts, bis wir an der großen Molkerei Edelweiß wieder auf eine große Kemptner Ausfallstraße treffen. Nun folgen wir nur noch links der Radwegbeschilderung ins Zentrum Kemptens zurück. Die Altstadt liegt direkt an der Iller, und so finden wir leicht zu unserem Ausgangspunkt zurück.

Linke Seite: Die große Basilika St. Lorenz bildet zusammen mit der Residenz ein beachtliches Ensemble.

Links: Martinszell über der Iller

16 Große Tour um den Alpsee

Wadenzwicker im Hügelland

schwer | 40 km | 800 Hm | 4.30 Std.

Ausgangs-/Endpunkt
Bühl am Alpsee, Informationszentrum AlpSeeHaus

GPS
47.569513, 10.193228

Anfahrt
Bahn: Mit dem Zug nach Immenstadt. Von dort zusätzlich zwei Kilometer Anfahrt entlang der Konstanzer Ache über den Kleinen Alpsee zum Großen Alpsee. Auto: Auf der B 12 oder der A 7 nach Kempten, weiter auf der A 7 zum Dreieck Allgäu, von dort auf der A 980 bis zur Ausfahrt Waltenhofen und auf der B 19 nach Immenstadt, dann weiter auf der B 308 nach Bühl. Hier rechts zum AlpSeeHaus Informationszentrum an den Alpsee abbiegen. Gebührenpflichtige Parkplätze hinter dem Haus.

Tourencharakter
Sehr lohnenswerte, aber anstrengende Rundtour, mit vielen Steigungen auf den ersten zwei Dritteln der Wegstrecke. Abkürzungsmöglichkeit erst im letzten Drittel. Sehr gutes Trekkingrad oder Mountainbike, noch besser E-Bike empfohlen.

E-Bike-Ladestation
Informationszentrum AlpSeeHaus

Information
alpsee-gruenten.de

Der Alpsee ist auf seiner Südseite umrahmt von hohen Bergen und auf der Nordseite von einem hohen weitläufigen Hügelsystem. So ist diese Radtour sehr sportlich, aber wegen der landschaftlichen Schönheiten jede Mühe wert.

Die erste Hügelhürde Wir starten vor dem AlpSeeHaus und radeln über die Brücke am Ablauf der Konstanzer Ache aus dem Großen Alpsee. Dahinter halten wir uns rechts und gelangen so in den Ortsteil Hub, wo wir gleich die Bahngleise überqueren. Auf der Hauptstraße sind wir schnell zwischen den Häusern hindurch und erreichen die größere Staatsstraße, die wir mithilfe einer Unterführung sicher queren. Jetzt steht die erste längere Auffahrt bevor. Wir wenden uns nach links und folgen der Wanderwegbeschilderung nach Zaumberg/Missen auf einem zum Teil sehr schmalen Wiesenpfad, der uns jedoch sicher aufwärtsbringt. Einmal müssen wir auf die andere Straßenseite wechseln. Die wunderbaren und weiten Aussichten über den See nach Westen entschädigen für den Anstieg. An einem einsamen Haus biegen wir nach links auf eine kleinere geteerte Straße ein, die uns in den Ort Zaumberg bringt.

Hier haben wir uns für eine spannende, wenn auch schwieriger zu befahrende Wegstrecke fast ohne Autostraßen entschie-

Kurz vor dem Finale zieht ein Gewitter über dem Alpsee auf.

den. Auf diesem Teilstück bremsen uns zwei Viehwippen aus, zu deren Überwindung das Rad hochgehoben werden muss. Wem das zu schwer ist, der folgt in Zaumberg der Straße in nördlicher Richtung und stößt so wieder auf die größere Staatsstraße. Hier geht es nun links nach Missen weiter, dem Verkehr kann man immer wieder auf kleineren Wegen neben der Straße etwas entgehen.

Prächtiger Balkonblumenschmuck an einem Allgäuer Bauernhaus in Thalkirchdorf

Die Abenteuerlustigen, die auch ein paar zusätzliche Höhenmeter nicht scheuen, wenden sich in Zaumberg nach links und halten sich an den letzten Häusern rechts in den aufwärtsführenden Forstweg an die Beschilderung »Pfarralpe/Siedelalpe/Missen«. Es wird etwas flacher und

Rechte Seite oben: Pfarrkirche St. Nikolaus am Kirchplatz in Immenstadt

Rechte Seite unten: Vor dem Rathaus pulsiert das Leben am Grünen Markt in Immenstadt.

wir erreichen die ersten Almwiesen. Wir überqueren sie durch Viehtritte, die hier mithilfe von Wippen zum Einsatz kommen. Dann führt der Weg in Sichtweite zur Siedelalpe leicht abwärts zu einer größeren querenden Alpstraße.

Ehrlichkeit spart Muskelkater Ab hier wägen wir ehrlich unsere Kondition ab. Wer bis hierher schon zu kämpfen hatte, beendet die Tour auf der Siedelalpe. Nach einer zünftigen Brotzeit und feinster Fernsicht lassen wir uns einfach auf gleichem Weg wieder abwärts zum Startpunkt rollen.
Alle anderen biegen rechts auf die Alpstraße ein, ignorieren die Siedelalpe, und schon führt der Weg abwärts, bis wir am Schlettenmoos auf die große Autostraße treffen. Wir können ihr nicht ausweichen, aber zum Glück geht es nach links meist flott bergab und so erreichen wir schnell den Ort Missen-Wilhams.

Mehr Höhenmeter Wir radeln auf der Hauptstraße durch Missen und biegen nach den Tennisplätzen und der Gästeinformation links in die ansteigende Straße nach Wiedenhofen ein. Die angegebene 20-prozentige Steigung haben wir nicht vorgefunden. Stattdessen wird die Aussicht auf Missen und den Hauchenberg immer schöner, sodass wir den Scheitelpunkt in Wiedenhofen gleich erreicht haben. Unser nächstes Ziel ist Geratsried, Radwegschilder weisen den Weg.
In Geratsried endet die für den öffentlichen Verkehr freigegebene Straße. Wir freuen uns an dem kleinen Sträßchen, das immer noch abwärtsführt, wobei wir nun stärker bremsen, denn wir verlieren rasch einige Höhenmeter in dem gefühlten 20-Prozent-Gefälle! Unten angekommen queren wir die Jugetach, und schon steigt der Weg bis zur Roten Heidealpe an. Bitte denken Sie daran, Weidegatter wieder zu schließen, denn sonst haben die Alperer große Mühe, ihre Kühe einzufangen.

Guten Appetit

Wer sich seinen Hunger bis Thalkirchdorf aufgespart hat, dem empfehlen wir eine Einkehr im Thalkirchner Dorfhaus (siehe auch Tipp Tour 17, geöffnet Di bis So 11.30–22 Uhr, Mo Ruhetag). Ansonsten gibt es einige Einkehrmöglichkeiten auf dem Weg, darunter den hervorragenden Brauereigasthof Schäffler Bräu an der Hauptstraße in Missen-Wilhams.

Grandiose Fernsicht und der Kunstschatz von Zell Wenige Meter hinter der Roten Heidealpe erreichen wir an einem großen Wanderparkplatz den wohl schönsten Aussichtpunkt der Rundfahrt.

Hiltensweiler 34 - 88239 Wangen

Der Blick reicht weit nach Westen hinein in die Schweizer und österreichische Bergwelt.

Für uns ist hier der anstrengendste Teil der Rundfahrt geschafft. Es geht flott weiter und wir rollen über Mutten abwärts bis zur Bahnstrecke. Hier halten wir uns links, überqueren nicht die Schienen, sondern wählen den schmalen Fuß- und Radweg, der steil die Böschung hinaufführt. Dann geht es eben in den Weiler Zell, wo wir eine kulturelle Verschnaufpause an der kleinen Kirche St. Bartholomäus einlegen.

Carl Hirnbein

Im Allgäu hatte sich neben der Landwirtschaft der Flachsanbau entwickelt. Doch im 19. Jahrhundert brach der Markt zusammen, da in England der mechanische Webstuhl erfunden wurde. In diesen Notzeiten hatte der 1807 in Wilhams geborene Carl Hirnbein neue Ideen: Er stellte die Almwirtschaft von der Fleischerzeugung auf Milchwirtschaft um und ließ Milch zu Käse verarbeiten. Aber er konnte die Nachfrage nicht alleine bedienen und regte so andere Bauern an, Käse nach seinem Vorbild herzustellen. Zudem baute er 1851 am Grünten ein Hotel für den Fremdenverkehr.

Am Rande Oberstaufens Weiter geht es am Golfplatz entlang nach Buflings, das ist ein Ortsteil von Oberstaufen. Wer die Runde abkürzen möchte, kann hier rechts nach Oberstaufen zum Bahnhof radeln und mit dem Zug nach Immenstadt zurückkehren. Alle anderen lassen Oberstaufen rechts liegen und folgen der Beschilderung nach Kalzhofen und Immenstadt auf den Radweg. Nach einem

wirklich letzten, minimalen Anstieg geht es bergab über Kalzhofen, vorbei an dem bewaldeten frei stehenden Berg Staufen, hinunter bis nach Knechtenhofen, wo wir unter den Eisenbahnschienen hindurch auf die große Bundesstraße B 308 treffen.

Entlang der Konstanzer Ach Wir folgen nicht links dem Radwegschild nach Immenstadt, sondern nutzen eine Unterführung, um auf die andere Seite der B 308 zum Parkplatz an der Sommerrodelbahn an der Hündlestube zu gelangen. Geradeaus über den Parkplatz beginnt nach links ein herrlicher Weg, der mit einigen Zickzacks entlang der Konstanzer Ache nach Osten führt. So sind wir schnell in Thalkirchdorf.

Schlussspurt über den Großen Alpsee Wir biegen vor dem Restaurant Dorfhaus links in die Kirchdorfer Straße ein und radeln durch die Unterführung auf die andere Seite der Bundesstraße. Hier geht es den Radwegschildern folgend nach rechts entlang der Bahnstrecke, die wir einige Male queren. Vorbei an vielen Bauernhäusern erreichen wir die für den Verkehr gesperrte Nordseite des Großen Alpsees. Über Trieblings geht es mit herrlicher Aussicht zur Ostseite des Sees, wo wir am großen Freibad wieder auf Straßenverkehr treffen. In wenigen Minuten haben wir das AlpSeeHaus erreicht.

Ohne Schweiß keine Aussicht: Wolkenspiel an der Siedelalpe

17 Von Oberstaufen zum Alpsee-Nordufer

Durch das Tal der Konstanzer Ach

leicht | 32 km | 100 Hm | 2.30 Std.

Ausgangs-/Endpunkt
Oberstaufen, Bahnhof

GPS
47.553800, 10.025007

Anfahrt
Bahn: Oberstaufen liegt an der Allgäubahn München–Lindau. Auto: Auf der B 308 nach Oberstaufen, dort der Beschilderung zum Bahnhof folgen. Hier gibt es viele Parkplätze.

Tourencharakter
Leichte Tour entlang des Alpsee-Nordufers. Meist auf geteerten Nebenstraßen oder gut befestigten Feldwegen. Nur ganz zum Schluss gibt es einen kurzen, aber steilen Anstieg.

E-Bike-Ladestation
Oberstaufen: Haus des Gastes und bei den Radverleihgeschäften

Information
oberstaufen.de

Rechte Seite: Der Dorfkern von Oberstaufen ist verkehrsberuhigt und dadurch sehr entspannt.

Eine entspannte Runde durch das Tal der Konstanzer Ach zum Alpsee mit viel Zeit für die Sehenswürdigkeiten entlang der Strecke, aber auch die Einkehrbremsen dürfen laut quietschen.

Um den Staufen Wir starten am Bahnhof in Oberstaufen und radeln mit dem Bahnhofsgebäude im Rücken nach rechts über den Bahnhofsplatz. Am Bahnübergang biegen wir rechts ein und folgen der Immenstädter Straße ortsauswärts. Am Ortsende beginnt ein bequemer Radweg, der stets parallel zur Autostraße verläuft und an der großen Staatsstraße nach rechts schwenkt. So umrunden wir den bewaldeten frei stehenden Berg Staufen auf seiner Nordseite.

Zum Alpsee Leicht bergab geht es an der Miniwelt Oberstaufen vorbei durch den Eisenbahntunnel Knechtenhofen, wo wir uns sofort nach links auf die Salzstraße wenden. Immenstadt ist

schon perfekt ausgeschildert. Es geht durch die netten Dörfer Knechtenhofen, Salmas, Lamprechts und Wiedemannsdorf. Ein paarmal queren wir die Gleise der Bundesbahn und erreichen so das westliche Ufer des Alpsees. Mit herrlicher Sicht über das Wasser auf die Allgäuer Berge geht es flott am Nordufer entlang, bis wir am Freibad fast schon in Bühl sind. Zur Abwechslung nutzen wir die Seeuferpromenade. Auf dem direkt am Wasser entlangführenden Weg schieben wir, er ist Fußgängern vorbe-

halten. Kunsthistorisch Interessierte können eine kleine Wanderung hinauf zum Kirchenensemble von Bühl starten. Die beiden Kirchen sind durch Treppen miteinander verbunden. Im kühlen und fast schon dunklen Untergeschoss von St. Stephan befindet sich eine Hl. Grabkirche mit einer sehr seltenen runden Darstellung der Kreuzigung Christi.

Abstecher nach Immenstadt Wer noch Lust hat, erreicht von Bühl aus in etwa 15 Minuten Immenstadt. Dafür radeln wir am AlpSeeHaus über den Ablauf der Konstanzer Ache und wenden uns nach rechts.

Guten Appetit

In Bühl am Alpsee lockt ein Strandcafé. Das AlpSeeHaus bietet ein Bistro und den Diepolzer Käseladen. In Wiedemannsdorf finden wir das Restaurant Alte Salzstraße. Auch für das Thalkirchdorfer Dorfhaus mit Sennerei, Restaurant und Biergarten sollten wir uns den Hunger aufheben. Dort gibt es besonders leckere Gerichte, bei denen sich vieles um Käse dreht.

KÄSE
VERKAUF
HIER

Auf einem Fuß- und Radweg folgen wir zunächst dem Flusslauf, dann geht es nach links über die Gleise. So passieren wir den kleinen Alpsee und erreichen am Viehmarktplatz den Ortsrand von Immenstadt. Weiter in östlicher Richtung geht es durch die Rothenfelsstraße ins Herz der Altstadt, zum Marienplatz.

Retourkutsche Zurück geht es wieder nach Bühl und erneut über das Nordufer des Alpsees auf dem bekannten Hinweg. Diesmal radeln wir jedoch nur bis nach Wiedemannsdorf. Kurz hinter dem Restaurant Alte Salzstraße überqueren wir noch einmal die Gleise und verlassen 500 Meter später unseren bis hierhin bekannten Weg nach links. Mithilfe einer Unterführung passieren wir die B 308 und erreichen Thalkirchdorf. Am Restaurant Dorfhaus biegen wir links ein und folgen dem Straßenverlauf weiter in westlicher Richtung. Es geht über Felder, an einem Skilift vorbei, bis schließlich unser Weg nach einer Scheune scharf nach links auf einen ungeteerten Feldweg abzweigt. Entlang der Konstanzer Ache geht es bis zum großen Wanderparkplatz an der Sommerrodelbahn Hündle völlig flach dahin. Wir queren die Bundesstraße mithilfe einer Unterführung, unmittelbar danach geht es links weiter. Diesmal umrunden wir den Berg Staufen auf seiner Südseite. Wir folgen der Beschilderung nach Oberstaufen über Bad Rain. Hier steht uns der wirklich steile, aber auch einzige Anstieg der heutigen Tour bevor. Kurz darauf stehen wir wieder an unserem Startplatz, dem Bahnhof von Oberstaufen.

Oberstaufen

Oberstaufen erhielt 1918 den Titel »Luftkurort«. Der Ort wäre ein normaler Kurort geblieben, wenn nicht Dr. Hermann Brosig hierhergezogen wäre. Als Arzt hatte er in seiner Heimat in einer Schroth'schen Kuranstalt praktiziert. Er fand in dem damaligen Bürgermeister Wucherer einen Förderer seiner Idee, in Oberstaufen einen Schrothkurbetrieb aufzubauen. Wie erfolgreich das war, zeigt sich heute: Oberstaufen ist der einzige staatlich anerkannte Schrothkurort Deutschlands.

Oben: Im Sommer ist es am Alpsee nicht mehr so ruhig.

Linke Seite: Im Thalkirchner Dorfhaus kehrt man immer wieder gerne ein.

18 Von Blaichach nach Martinszell

Eine Stadt, ruhige Dörfer und ein romantisches Moor

mittel | 38 km | 480 Hm | 3 Std.

Ausgangs-/Endpunkt
Blaichach, Kirchplatz

GPS
47.5440, 10.2567

Anfahrt
Bahn: Von Kempten Richtung Oberstdorf bis Bahnhof Blaichach. Auto: Von Kempten über die A 7 zum Dreieck Allgäu und auf der A 980 und der B 19 zur Ausfahrt Immenstadt. Richtung Immenstadt, die ersten Kreisverkehre geradeaus überqueren, dann links und die zweite Abfahrt in die Blaichacher Straße. Parkplätze um Kirche und Rathaus.

Tourencharakter
Rundtour auf ungeteerten Rad- und Wanderwegen, Nebenstraßen und Radwegen neben Hauptstraßen. An einer Stelle müssen Normalradler ohne E-Bike etwa 20 Höhenmeter auf einem neuen Serpentinenweg aufwärtsschieben.

E-Bike-Ladestation
Immenstadt am Marienplatz/Schloss

Information
alpsee-gruenten.de

An Blaichach sausen die meisten Urlauber und Naherholungssuchenden mit großem Schwung vorbei. Dabei haben wir es als idealen Ausgangspunkt erlebt, um die Iller und das Voralpengebiet Richtung Kempten zu erkunden oder auch um Immenstadt einen Besuch abzustatten.

Nach Immenstadt Wir beginnen unsere Tour am Rathaus von Blaichach, überqueren die Bundesstraße und fahren auf der Burgberger Straße Richtung Iller. Kurz vor dem Fluss biegen wir nach links in die Schützenstraße ab und haben damit schon den Radweg erreicht, der uns die nächste Zeit begleiten wird. Wir passieren eine große Schrebergartenanlage und kommen dann an die zwei Inselseen, die zum Baden und zum Wasserskifahren genutzt werden.

Dann fahren wir unter der Brücke des Immenstädter Autobahnzubringers durch und kommen bei den Sportanlagen von Immenstadt an einen Fußgängersteg. Hier biegen wir links ab und fahren zum Bahndamm. Nochmals dreihundert Meter geht es nach links, dann radeln wir unter den Gleisen durch und über die Salzstraße zum Kirchplatz mit der Pfarrkirche von Immenstadt, St. Nikolaus. Ein kurzes Stück weiter und wir haben den Marienplatz erreicht.

Hier können wir uns auf dem grünen Markt mit etwas Obst für die Weiterfahrt versorgen, aber auch das Rathaus und das Schloss ansehen. Das Stadtschloss war früher das Amtshaus der Grafen von Montfort-Rothenfels und besitzt einen Festsaal mit interessanter Stuckdecke. Heute ist es in privatem Besitz. Das Rathaus auf der Südseite des Marienplatzes mit seinem netten Türmchen stammt aus dem Jahr 1640. Die Mariensäule im Zentrum des Marienplatzes ist eine Stiftung des Grafen von Montfort-Rothenfels als Dankbarkeit, dass die sieben Jahre währende Pest 1635 erloschen ist. Aufstellen ließ sie allerdings erst der Enkel des Stifters 150 Jahre später!

Wir begleiten die Iller auf ihrem Weg nach Norden.

Nordrunde Als Nächstes drehen wir eine große Runde nördlich von Immenstadt. Dazu fahren oder besser schieben (weil Fußgängerzone) wir am Marienplatz in nördlicher Richtung zum Geißenbrunnen von Willi Thalheimer, der an die »Kuh des kleinen Mannes« erinnert. Über die Theo-Bechteler-Straße kommen wir zur B 308 und biegen rechts in sie ein. Nach dem Kreisverkehr wird sie zur Kemptener Straße und führt parallel zur Bahn aus der Stadt. An der großen Zollbrücke über die Iller biegen wir rechts ab, fahren an den Straßenschleifen der Autobahnausfahrt vorbei und sehen am anderen Illerhochufer die Ruine Laubenstein. Den Herren von Laubenstein werden wir am Rückweg in Stein nochmals begegnen. Das nächste Dorf ist Untermaiselstein. Die Pfarrkirche ist der

Guten Appetit

Der Haxenwirt in Thanners ist ein beliebtes Ziel am Rand des Werdensteiner Mooses. Je nach Wochentag gibt es Spezialitäten wie Schnitzeltage, Grösteltage, Haxentage und vieles mehr. Dazu stehen Brotzeiten, Fingerfood aber natürlich auch etwas für Vegetarier auf der Karte. Sogar eine Extraspeisekarte für die Kinder gibt es. Da muss man sich nicht über den vollen Parkplatz und die vielen Gäste wundern (Mo Ruhetag).

heiligen Ursula geweiht, als besondere Kostbarkeit finden wir dort eine Muttergottesfigur und ein Relief der heiligen Barbara aus der Zeit um 1515, die dem spätgotischen Schnitzer Ivo Strigel zugeschrieben werden. Wir fahren geradeaus durch den Ort, um am nördlichen Ortsrand rechts in die Weidachstraße einzubiegen. Sie bringt uns über die Felder nach Freidorf. Wieder am nördlichen Ortsrand nehmen wir nach rechts die Humbacher Straße, auf der wir den kleinen Weiler Humbach erreichen. Architektonisch besonders schön ist der erste Hof links der Straße. Er ist mit Holzschindeln verkleidet, das Bundwerk im Giebel ist als schöner Kontrast dazu weiß ausgefacht. Weiter geht es nach Rottach mit

Blaichach ist der Startplatz für diese Tour.

seiner Antoniuskirche aus dem 15. Jahrhundert, dann senkt sich nach links unsere Straße zur Iller hin ab. Wir schlagen noch einen kleinen Abstecher vor. Am Dorfende führt die Alte Salzstraße geradeaus weiter. Wir folgen dieser etwa 500 Meter weiter, bis die Büsche rechts aufhören. Dort ergibt sich ein weiter Blick über das Tal der Iller auf die Berge um das Weitnauer Tal. Zurück im Dorf nehmen wir also die Straße abwärts, fahren an der mäandernden Iller vorbei und überqueren sie in Martinszell. Wir fahren die Hauptstraße aufwärts und biegen dann nach einem großen freien Platz auf der linken Seite links ab. Jetzt müssen wir schieben. Mit mehreren Serpentinen gewinnen wir 20 Meter Höhe und überqueren am Schluss die Autobahn, ohne es zu merken. Sie ist hier in einem Tunnel geführt. Wir fahren nach rechts zur Hauptstraße und auf ihr nach Oberdorf.

Moor-Idylle Nach einem Rechtsbogen erreichen wir einen kleinen Platz, von dem vier Straßen abgehen. Wir fahren in spitzem Winkel zurück in den Kapellenweg, der uns mehr oder weniger

Links: Aussichten genießen wir aus dem Illertal nach Süden.

Iller-Radweg

Rechte Seite: Aussichtsturm über einem Moorauge

nahe den Gleisen entlangführt. Bei der Unterführung wechseln wir die Seite, sehen links bereits das Naturschutzgebiet Werdensteiner Moos und kommen schließlich zum Haxenwirt in Thanners. Zwischen den beiden großen Parkplätzen führt ein Weg in das Moorgebiet, der sich schnell verzweigt. Wir fahren oder schieben nach links und kommen an Tümpeln und Schilfinseln vorbei zur Aussichtsbrücke, die uns weit ins Moor hineinschauen lässt. Gut 100 Meter weiter biegt links ein Weg ab, auf dem wir Werdenstein erreichen. Dort nehmen wir den Gnadenberger Weg und folgen ihm nach Bräunlings. Auf der Bergstattstraße geht es knapp 100 Meter nach rechts, dann biegen wir links in die Alpenstraße ein, auf der wir nach Stein, einem Vorort von Immenstadt, kommen. Nach ein paar Metern auf der Hauptstraße geht es links ab zur Kirche St. Mauritius, der Grablege der Herren von Stein. Die Ruinen ihrer Burg haben wir beim Hinweg bereits gesehen. An der Kirche vorbei geht es steil abwärts, unter der Bahnstrecke hindurch erreichen wir den Radweg nach Immenstadt und Blaichach.

Werdensteiner Moos

Neben der Iller dürfen wir heute ein herrliches Moor mit vielen Feuchtzonen, Tümpeln und Wasserlöchern erleben. Das Werdensteiner Moos wurde renaturiert und ist durch einen Rundwanderweg gut erschlossen. Es lohnt sich, von den Rädern zu steigen und diese abzusperren. Den 3,5 Kilometer langen Rundweg mit vielen interessanten Themenstationen, Aussichtsturm und Bohlenweg erobern wir besser zu Fuß.

Durch das Werdensteiner Moos geht es nur zu Fuß weiter.

Zurück nach Blaichach An der Iller entlang passieren wir tief unten die Zollbrücke und stoßen auf eine Wohnsiedlung. Wir überqueren die Konstanzer Ache, die hier in die Iller fließt, und bleiben auf dem Radweg neben der Iller. Schnell haben wir den Steg erreicht, an dem wir am Morgen in die Altstadt von Immenstadt abgebogen sind, und kehren jetzt auf dem bekannten Weg nach Blaichach zurück.

19 Um den Rottachsee

Gerade einmal 30 Jahre alt

mittel | 27 km | 450 Hm | 2 Std.

Ausgangs-/Endpunkt
Rottach

GPS
47.608041, 10.296215

Anfahrt
Auto: Auf der A 7 bis Autobahndreieck Allgäu, weiter auf der St 980 Richtung Kempten, dann auf die B 19 wechseln nach Süden. In Martinszell von der Schnellstraße abbiegen. Durch den Ort, dann über die Iller bis zur OA 3, dort rechts weiter bis zum kleinen Weiler Rottach. Wenige Parkplätze im Ort, bitte keine Einfahrten zuparken

Tourencharakter
Kleine, schöne Rundtour, überwiegend auf einsamen Feldwegen, aber doch mit einigen Steigungen, vor allem zu Beginn der Tour.

E-Bike-Ladestation
Unterwegs keine

Information
oy-mittelberg.de

Der Tour um den Rottachspeichersee ist in den Sommermonaten zur Badesaison der Hit. Da kann es schon mal voll werden. Aber bei einer Seeumrundung finden wir auch einsame Liegewiesen für viel Erholung.

Über die Salzstraße Wir starten von der Hauptstraße in Rottach. Es geht ein kurzes Stück nach Norden, dann fahren wir geradeaus in die Alte Salzstraße. Am Ortsende wird die Straße zum Feldweg und wendet sich mit einem Rechts-links-Knick in nördliche Richtung. Gleich zu Beginn erwartet uns eine längere Steigung, die uns mit ein paar schönen Aussichten versüßt wird. Wir folgen dem Hauptweg, der mit gutem Abstand parallel zur Rottach verläuft.
Kurz vor dem Weiler Greifenmühle verlieren wir ein bisschen an Höhe, dann stoßen wir auf eine kleine geteerte Straße, der wir nach links über die Rottach folgen. Durch Greifenmühle steigt unser Puls nochmals an, wir halten uns zweimal rechts und haben das Südwestufer des Rottachsees an seiner Staumauer erreicht.

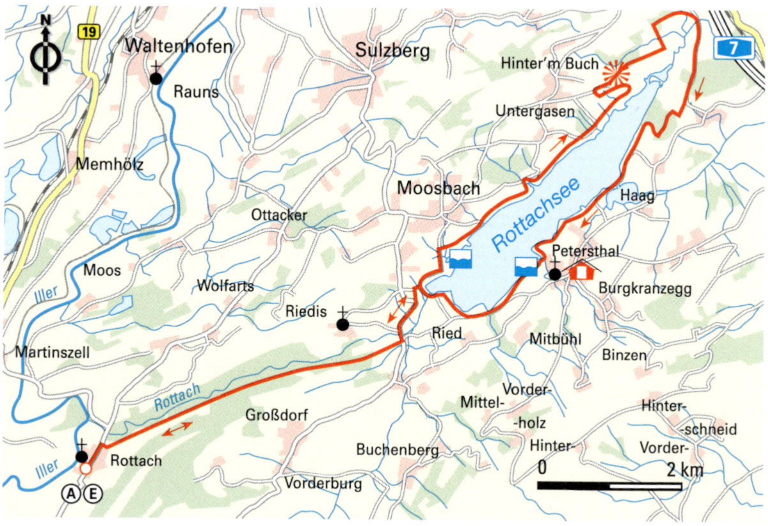

Im Schieberturm des Rottacher Speichersees führt eine Treppe nach unten. An der Sohle kann der Ablass geregelt werden.

Um den Rottachsee Wir umrunden den See im Uhrzeigersinn. Deshalb halten wir uns links und bleiben immer in Ufernähe. So kommen wir zum Erholungsgebiet und Sportgelände von Moosbach. Kurz nach den Parkplätzen biegen wir rechts ein, passieren die Liegewiesen und radeln schon wieder sehr viel ruhiger am See entlang. Wir passieren die klitzekleine einzige Insel des Sees, und erreichen erneut Liegewiesen an einem kleinen abgetrennten Seebereich. Weiter geht es in Fahrtrichtung, und dann beginnt der für Wassersportler gesperrte Seebereich mit seinen von Schilf bewachsenen Uferzonen. Hier am nordöstlichen Seeende liegt das Reitermoos, ein wahres Naturparadies. Auch wir fahren nicht auf direktem Weg dorthin, sondern über eine Kehre am Uferweg erst vom Wasser weg und steil aufwärts. Oben geht es wieder nach rechts, mit herrlichen Ausblicken auf den See, in der ursprünglichen Fahrtrichtung weiter.

Guten Appetit

Im Sommer gibt es Einkehrmöglichkeiten an den Kiosken der Badestrände rund um den Rottachsee.

Löwenzahn färbt die grünen Wiesen des Allgäus im Frühjahr gelb.

Ostufer Bergab umrunden wir mit einer großen Schleife das sumpfige Einmündungsgebiet kleinerer Bäche in den Speichersee. Dabei halten wir uns stets rechts. Dann machen wir uns auf den Rückweg. Zunächst wieder bergauf müssen wir auf dem steinigen Boden die nächste Abfahrt etwas kontrollierter angehen, vor allem um die scharf nach rechts abknickende Abzweigung nicht zu übersehen. Dann sind wir wieder gemächlich am Ufer unterwegs und erreichen schließlich einen Dammweg, der den Bisseroysee und den Einlauf der Rottach vom eigentlichen Rottachsee trennt. Weiter am

Rottachsee

Der Rottachsee wirkt auf den ersten Blick wie ein natürlich entstandener See, so wie es viele im Allgäu gibt. Hier hat aber keine letzte Eiszeit einen See geformt, vielmehr wurde der See als Speichersee zum Wasserausgleich von Iller und Donau geschaffen. Gerade einmal 30 Jahre alt ist das Gewässer, heute ein Naturparadies und ein Naherholungsgebiet für Schwimmer, Surfer und Segler.

Tretbootverleih am Rottachsee

Ufer entlang ist es nicht mehr weit bis zum Erholungsgelände von Petersthal, der letzten Bademöglichkeit. Wir radeln um die kleine Landzunge, halten uns dabei weiter in Seenähe. So erreichen wir bald eine hölzerne Vogelwarte und kurz darauf die Dammkrone am Auslauf der Rottach. Ab hier kennen wir den Weg und wissen, dass uns eine flotte Abfahrt erwartet, bei der wir uns aufgrund des unebenen Bodenbelags etwas konzentrieren müssen. Viel schneller als auf dem Hinweg sind wir wieder in Rottach. Zum krönenden Abschluss statten wir der kleinen Antoniuskirche in Rottach einen Besuch ab.

Gemütlich ist es am Uferweg.

20 Ins Stillachtal und Rappenalptal

Genussradeln der leichten Art

mittel | 32 km | 500 Hm | 3.45 Std.

Ausgangs-/Endpunkt
Oberstdorf, Bahnhof

GPS
47.410707, 10.277341

Anfahrt
Bahn: Von München, Augsburg oder Lindau nach Kempten und dort weiter nach Oberstdorf.
Auto: Auf der B 12 oder der A 7 nach Kempten, weiter auf der A 7 zum Dreieck Allgäu, von dort auf der A 980 zur Ausfahrt Waltenhofen und auf der B 19 nach Oberstdorf.

Tourencharakter
Überwiegend leichte Rundtour mit einem etwa zwei Kilometer langen, kräftigen Anstieg auf einer kleinen geteerten Straße

E-Bike-Ladestation
Parkplatz Fellhornbahn und Prinzregenten-Platz in Oberstdorf

Information
oberstdorf.de

Auf dieser Tour bestaunen wir das Naturwunder Allgäuer Berge mit den karstigen Felsen von Hochfrottspitze, Trettachspitze und Mädelegabel genauso wie die saftig grünen und bunten Bergwiesen und die vor sich hin plätschernde türkisfarbene Stillach.

Entlang der Stillach Wir starten am Bahnhof in Oberstdorf und schieben unser Fahrrad gleich zu Beginn, gegenüber dem Bahnhofsplatz, für wenige Meter in die Hauptstraße, die Fußgängerzone von Oberstdorf. Dann schwingen wir uns an der ersten Straße rechts, der Walserstraße, in den Sattel und radeln dem Straßenverlauf in westliche Richtung folgend bis zur Stillach. Wir überqueren sie und folgen gleich darauf links der Straße nach Süden.

Nach einem Dorfbrand 1865 haben sich nur wenige alte Bauernhäuser in Oberstdorf erhalten, sie stehen heute unter Denkmalschutz.

Flott geht es in Sichtweite zur Stillach dahin. Wir weichen an einem Schupfen nach rechts auf einen breiteren Weg aus, er ist in Richtung Ziegelbachhütte ausgeschildert. Das ist ein Wanderweg, deswegen nehmen wir besonders Rücksicht auf alle Fußgänger. Es geht ein kurzes Stück durch den Wald, wir halten uns immer in Flussnähe. Dann biegen wir auf die Straße ab und queren die Stillach an einer Brücke. Direkt dahinter geht es auf dem Uferweg, der Beschilderung ins Stillachtal folgend, an dem mal laut, mal leise plätschernden Fluss, der sich rechts von uns befindet, vorbei. Wir passieren zwei hölzerne Brückenstege und unser Radweg und die Fahrstraße nähern sich wieder an. Die auffällig vielen Stege bzw. hölzernen Rampen, die wir queren, wirken wie eine plan-

lose Wegeführung, sind aber die Skirollerbahn für Nordic-Ski-Langläufer. Weiter geht es auf dem Radweg, bald wieder in Straßennähe, aber weiterhin verkehrssicher auf einem eigenen Weg am Rande eines Lawinentunnels. Nach wenigen Metern sind wir nun an der Wegekreuzung bei Faistenoy an der Fellhornbahn. Hier endet für die Autofahrer die öffentliche Straße.

Südlich von Oberstdorf zweigen einige Täler ab, darunter das Stillachtal, das sich für Radler besonders gut eignet, denn erst ab Birgsau wird es steiler.

Über Almwiesen, die natürlich Alpe heißen

Für uns geht es jetzt fast ohne Autoverkehr geradeaus auf dem Teersträßchen weiter. Schnell sind wir am Ende des Stillachtals angekommen. Wenige Meter nach der Alpe Eschbach teilt sich die Almstraße. Wir halten uns rechts, kurz nach der Brücke über die Stillach steigt die Straße an. Es geht wirklich steil über einige Kurven zwei Kilometer aufwärts. Aber die Mühe lohnt sich! Bald haben wir den Scheitelpunkt erreicht und fahren mit

Guten Appetit

Im Stillachtal kann man in der Alpe Eschbach in Birgsau hervorragend einkehren. Die Buchenrainalpe bietet feinen Käse und leckeren Kuchen. Auf der kleinen Wiese vor dem Haus genießen wir die Aussicht auf die markanten felsigen Gipfel von Mädelegabel und Hochfrottspitze. Auch in der Breitengeralpe bekommen wir köstliches Essen.

fantastischer Sicht auf die Allgäuer Hochalpen zu der ersten Alm, der Buchenrainalpe.

Buchenrainalpe Wer die Alpe erreicht, merkt gleich, dass sie etwas ganz Besonderes ist. Sie ist schon weit über 200 Jahre alt und steht unter Denkmalschutz. Holzschindeln schützen die Fassade vor Wind und Wetter und ein Zaun hält neugierige Kühe vom kleinen Gastgarten ab. Man sollte unbedingt einen Blick in das Innere werfen. Die Decken sind rußgeschwärzt, der kupferne Käsekessel steht über einem offenen Feuer. Die uralten Holzbalken versprühen Geschichte pur. Dabei ist die Alpe kein Freilichtmuseum, hier wird wirklich gelebt, gearbeitet und Käse produziert. Den können wir, neben einigen anderen hausgemachten Spezialitäten wie Selbstgeräuchertem oder Kuchen, direkt auf der Alpe verspeisen und uns dann noch ein großes Stück für zu Hause mitnehmen.

Ins Rappenalptal Die Weiterfahrt in das Rappenalptal lohnt sich vor allem wegen seiner landschaftlichen Schönheit. Leicht

An der Buchenrainalpe haben wir den Anstieg geschafft.

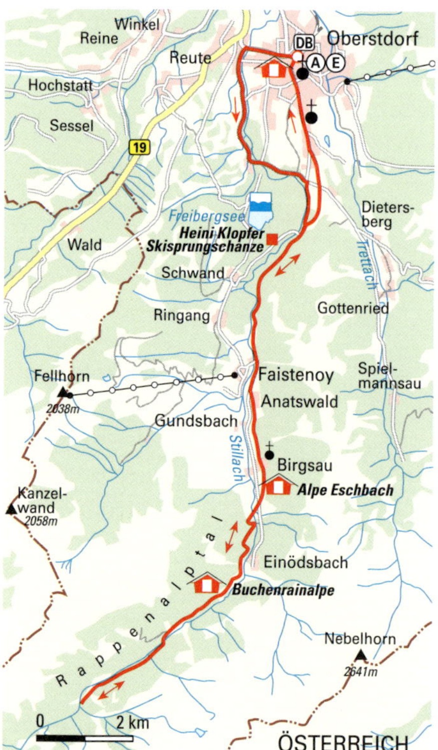

abwärts geht es zunächst hoch über dem Bachbett des Rappenalpbaches dahin, dann passieren wir die Breitengeralpe. Wer Lust hat, kann taleinwärts noch ein Stück weiterfahren und sich am Bachbett sein ganz eigenes Rastplätzchen suchen.

Flotte Rückfahrt Hinunter ins Stillachtal sollten wir auf der steilen Straße vorsichtig sein. Es geht flott zurück, bis wir bei der Nordic-Trainingsstrecke auf die Autostraße treffen. Diesmal überqueren wir die Straße und folgen rechts den Radwegschildern nach Oberstdorf. Durch eine herrliche Allee geht es nach Norden. Wir kreuzen eine Straße und radeln entlang von Obstbäumen zum Ortsrand von Oberstdorf.
In das rechts von uns gelegene Kapellenensemble der Lorettokirche werfen wir noch einen Blick. Es beherbergt eine hübsche Gnadenfigur einer Muttergottes mit Kind, die in ein silbernes Gewand gehüllt ist. Wenn wir dem Straßenverlauf geradeaus folgen, erreichen wir das Zentrum von Oberstdorf an seinem Kurpark und schieben das Rad die letzten Meter mitten durch den Ortskern.

Zurück geht es dann stets gemütlich entlang der Stillach bergab.

Skirollerbahn

Die auffällig vielen Stege bzw. hölzernen Rampen, die wir queren, wirken im ersten Augenblick wie eine planlos verschwenderische Wegeführung. Bei genauerem Hinsehen erweist sich ein Teil davon als ausgeklügelte Trainingsstrecke, die im Sommer den Skilangläufern als Skirollerbahn zur Verfügung steht. Im Winter ist dies ein Teil der Langlaufloipe, Oberstdorf gilt als Langlauf-Hochburg und richtete 2021 die Nordische Ski-WM aus.

21 Im oberen Illertal

Über die Hörnerdörfer zum Illerursprung

mittel | 30 km | 560 Hm | 3.15 Std.

Ausgangs-/Endpunkt
Oberstdorf, Bahnhof

GPS
47.410707, 10.277341

Anfahrt
Bahn: Von München, Augsburg oder Lindau nach Kempten und dort weiter nach Oberstdorf
Auto: Auf der B 12 oder der A 7 nach Kempten, weiter auf der A 7 zum Dreieck Allgäu, von dort auf der A 980 zur Ausfahrt Waltenhofen und auf der B 19 nach Oberstdorf. .

Tourencharakter
Rundtour meist auf Radwegen und sehr kleinen Nebenstraßen. In der ersten Hälfte einige Höhenmeter, die zweite Hälfte fast vollkommen flach auf dem Iller-Radweg. Radschloss und warme Jacke für die Sturmannshöhle nicht vergessen!

E-Bike-Ladestation
Sonthofen: am westlichen Illerufer wenige Hundert Meter hinter dem Schwimmbad Wonnemar am Erlebnisbauernhof der Stadt; Oberstdorf: Nebelhornbahn

Information
oberstdorf.de

Diese Tour durch das idyllische Oberallgäu führt über von Bergen umrahmte Hörnerdörfer und entlang der Iller. Hörnerdörfer sind Dörfer wie Bolsterlang, Obermaiselstein, Balderschwang und Ofterschwang, aber auch Fischen, obwohl es ganz unten im Tal liegt.

Entlang der Breitach Wir starten am Bahnhof in Oberstdorf und radeln, das Bahnhofsgebäude in unserem Rücken, rechts über den Bahnhofsplatz in die Poststraße. Am kleinen Kreisverkehr halten wir uns rechts und auf der Sonthofener Straße ortsauswärts in nördlicher Richtung. Ab dem nächsten größeren Kreisverkehr, weiter geradeaus, gibt es einen bequemen und sicheren Radweg neben der Autostraße. Kurz vor dem modernen Industriegebäude der Firma Geiger biegt der Radweg nach links ab,

Auf halber Strecke lockt auch die Brauerei Hirschen in Sonthofen zu einer Pause.

Iller bei Sonthofen

wir wechseln gleich darauf die Straßenseite und erreichen weiter geradeaus über einen Kreisverkehr und über die Breitach den großen McDonald's und das Explorer Hotel. Hier biegen wir links in das Breitachtal ein und folgen auf dem Radweg dem Flusslauf aufwärts. Der nächste Ort ist Weidach, hier teilt sich die Straße. Links geht es zur Breitachklamm, wir halten uns rechts und folgen bergauf der Beschilderung nach Tiefenbach/Obermaiselstein. Zuerst kommen wir nach Tiefenbach, wo wir den ersten und größten Anstieg geschafft haben. Dahinter beginnt wieder ein Radweg, der uns zum Aussichtspunkt Hirschsprung bringt. Von dort hat man einen großartigen Blick über die Hochebene der Hörnerdörfer auf den nahen Grünten, der durch seine Antennen am Gipfelaufbau immer leicht zu identifizieren ist.

Guten Appetit

Gleich nach der Besichtigung der Sturmannshöhle lockt der Gasthof Hirsch an der Straße Am Scheid in Obermaiselstein mit einer ehrlichen und bodenständigen Allgäuer Küche und natürlich steht Wild auf der Speisekarte (Di und Mi Ruhetag). Aber auch in Sonthofen finden wir zahlreiche Einkehrmöglichkeiten.

Die Hörnerdörfer Nach dem Aussichtspunkt biegt unser Radweg links ab, unser nächstes Ziel Obermaiselstein liegt schon vor uns. Dort stoßen wir auf die größere Ortsstraße, der wir nach links folgen. Immer noch im Ort mündet diese wiederum in eine größere Straße, an der wir uns nach links wenden. Nach dem auffälligen Holzgeschäft mit Allgäuer Zierbrunnen und Schnitzereien biegen wir rechts auf die überdachte Brücke über die Schönberger Ache ein. So kommen wir über Sonderdorf nach Bolsterlang.

Hier weist uns am Rathaus ein Radwegschild nach rechts und dann gleich links in die Flurstraße. Vorbei am Kindergarten verlassen wir Bolsterlang und folgen über Wiesen und Felder der Beschilderung »Sontho-

Unten: In Oberstdorf können wir den Tag gemütlich ausklingen lassen.

Illerursprung aus dem Zusammenfluss der Trettach, Stillach und Breitach

fen«. Die kleine Straße führt im Zickzack weiter, die Aussicht nach Süden und Osten auf die Berge von Oberstdorf lässt dabei keine Wünsche offen. Dann geht es leicht abwärts nach Tiefenberg, das immer noch ein gutes Stück über der Iller auf dem Hochufer liegt. Mit weiter Sicht über das obere Illertal und seine Dörfer geht es das Hochufer hinunter und weiter in nördlicher Richtung über Sigishofen nach Sonthofen, das wir an der Illerbrücke erreichen.

Oberstdorf

Vermutlich entstand an der Stelle, an der Trettach, Stillach und Breitach zusammenfließen, eine Siedlung, die »Das oberste Dorf« genannt wurde. Als 1888 die Eisenbahn Oberstdorf erreichte, begann der Fremdenverkehr die Landwirtschaft als Einnahmequelle zu überholen. Heute können die Oberstdorfer stolz sagen, dass sie sich nie verkauft und der Versuchung widerstanden haben, Großinvestoren Raum und Einfluss zu geben. Wenn auch in den letzten Jahren die Zahl der Zweitwohnungen bedenklich zugenommen hat, so hat der Ort doch stets seine Identität bewahrt.

Iller-Radweg Gleich nach der Brücke über die Iller biegen wir auf den Iller-Radweg ein und radeln nun flussaufwärts, die Iller zu unserer rechten Seite. Ab hier ist Oberstdorf perfekt ausgeschildert. Stets mit Blick auf die Allgäuer Berge geht es flott, fast eben dahin. Vorbei an einigen Altwasserbecken passieren wir Altstätten. Dann kommen wir zum Schöllanger Burgberg mit der auffälligen kleinen Burgkirche, die hoch über dem Illertal thront. Bevor wir sie erreichen, wechseln wir bei Fischen das Ufer. Entlang der Kiesbänke sehen wir auf der anderen Seite ein letztes Stück Steilufer, dann müssen wir bei Rubi erneut die Seite wechseln. So kommen wir direkt an den Illerursprung.

Ab dem Illerursprung wendet sich unser Radweg nach links und verläuft an der Trettach. Gleich darauf treffen wir am Campingplatz Rubicamp auf eine geteerte Straße. Nach links überqueren wir die Trettach und folgen der Rubinger Straße geradeaus. Diese endet wieder am großen Kreisverkehr, den wir von der Hinfahrt bereits kennen. Nun ist es nicht mehr weit nach links und wir haben den Startplatz unserer Tour am Bahnhof erreicht.

Oben: Sonthofen

22 Von Bad Hindelang ins Hintersteiner Tal

Mitten in die Berge

mittel | 35 km | 450 Hm | 3 Std.

Ausgangs-/Endpunkt
Bad Hindelang, Talstation Hornbahn

GPS
47.500842, 10.366058

Anfahrt
Bahn: Nach Sonthofen und von dort die Tour ins Ostrachtal nach Bad Hindelang starten (zusätzlich 16 km).Auto: Von der A 7 am Autobahndreieck Allgäu auf die A 980 bis zur Ausfahrt Waltenhofen und weiter auf der B 19 Richtung Oberstdorf. In Sonthofen links auf die B 308 nach Bad Hindelang. Die Hornbahn ist ausgeschildert, dort gibt es Parkplätze.

Tourencharakter
Radtour fast durchwegs auf geteerten Radwegen mit kurzen Waldwegstücken. Der Hinweg führt fast ständig leicht bergauf, an zwei Stellen gibt es eine etwas längere Steigung. Der Großteil des Rückweges verläuft auf dem Hinweg.

E-Bike-Ladestation
Am Giebelhaus im Hintertal

Information
badhindelang.de

Das Allgäu ist bekannt für wunderschöne Bergtäler, die sich oft weit bis ins Naturschutzgebiet der Allgäuer Hochalpen ziehen. Das Hintersteiner Tal bei Bad Hindelang ist eines davon: ursprünglich, wild und doch bequem erschlossen.

Nach Hinterstein Los geht es an der Talstation der Bad Hindelanger Hornbahn. Mit Blick zur Dorfmitte radeln wir nach rechts, also Richtung Osten. Rechts von uns fließt die Ostrach und links von uns ein kleiner Kanal. An diesem Triebwerkskanal der Ostrach finden sich noch mehrere historische Hammerschmieden,

drei davon sind bis heute in Betrieb. Diese durch Wasserkraft betriebenen Schmieden sind die ältesten Gewerbebetriebe im Ostrachtal. Ihr Ursprung geht bis ins 15. Jahrhundert zurück, als das in den Hintersteiner Bergwerken gewonnene Erz in der Eisenschmelze am Ostrachknie verhüttet und in den Schmieden verarbeitet wurde. Kurz darauf sind wir am Ortsrand von Bad Oberndorf und erreichen am Wanderparkplatz Gruebplätzle die Brücke über die Ostrach. Jetzt folgen wir der Radwegbezeichnung zum Giebelhaus auf die andere Flussseite, wo wir links weiter flussaufwärts radeln. Kurz danach teilt sich der Weg, wir halten uns links und erreichen den Weiler Bruck. Hier queren wir erneut die Ostrach auf der überdachten Brücke, am Rückweg treffen wir vom Elektrizitätswerk kommend wieder auf diese Stelle. Wir folgen nun der kleinen Autostraße nach rechts weiter ins Tal hinein und erreichen kurz darauf den

Linke Seite: Im Hintersteiner Tal tauchen wir mit unseren Rädern in die mächtige Allgäuer Bergwelt ein, aber ganz gemütlich, ohne große Anstrengung.

Das Giebelhaus ist das Ziel der meisten Radfahrer.

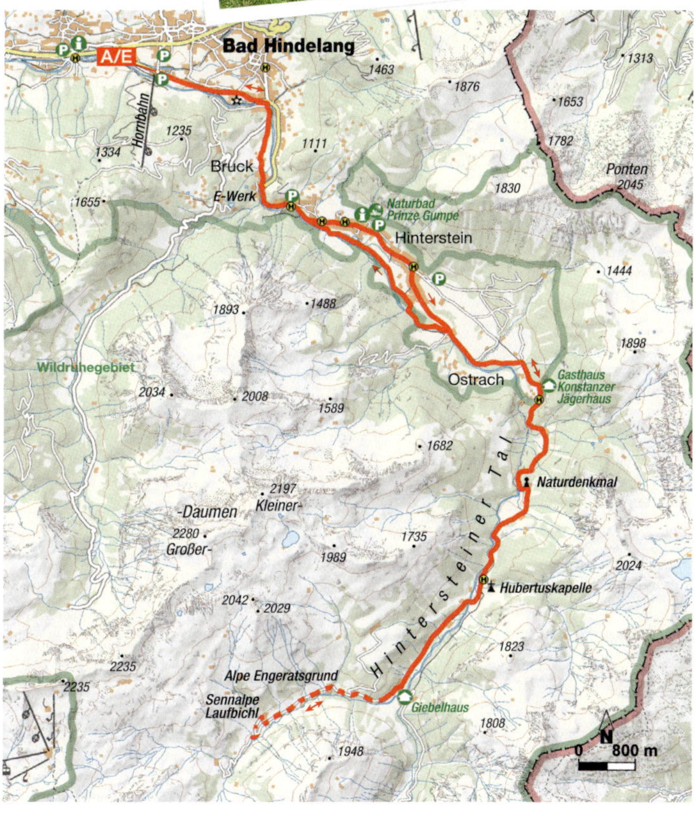

Ort Hinterstein. Stets der Dorfstraße folgend, bewundern wir die vielen, zum Teil schon ziemlich alten Allgäuer Bauernhäuser. Wer im Sommer unterwegs ist, kann sich – vor allem für den Rückweg – das tolle Freibad »Prinze Gumpe« vormerken. Es wird mit glasklarem Bergwasser gespeist!

Hintertal Am Ortsende von Hinterstein beginnt das eigentliche Hintersteiner Tal, auch wenn die Ostrach immer noch das hauptführende Gewässer ist. Hier ist auch Schluss mit dem öffentlichen Verkehr, nun dürfen nur noch Bauern, Senner und der Touristenbus die Straße befahren. Ein Traum für uns Fahrradfahrer! Außerdem bedarf der weitere Weg keiner Beschreibung, wir bleiben einfach stets auf der kleinen Almstraße, die zunächst noch gemach, dann schon deutlich steiler ansteigt. Dazwischen gibt es aber immer wieder ebene Flächen, die sehr gemütlich zu befahren sind. Wir passieren den Gasthof Jägerhaus, das Wasserkraftwerk Taufersbach und kurz darauf den Aussichtspunkt Eisenbreche, zu dem wir die wenigen Meter hinuntersteigen können. Von der kleinen Kanzel blicken wir rund 85 Meter tief in die Schlucht der Ostrach. Der Name lässt auf den Erzabbau schließen, der früher für die Gegend so wichtig war. Gleich danach öffnet sich das Tal und gibt wunderbare Aussichten auf den Giebel und den Großen Daumen frei. Jetzt hält uns nur noch kurz die kleine Hubertuskapelle am Wegrand auf, die ganz einer skandinavischen Stabkirche gleicht. Kurz dahinter, mit einer weiteren Ostrachquerung, erreichen wir das Giebelhaus, wo wir nun gemütlich einkehren und die Gegend genießen können.

Guten Appetit

Das Giebelhaus liegt fast am Ende des Tales und kann auf eine fast 100-jährige Geschichte zurückblicken. Bis auf ein paar Wochen im Spätherbst von Mitte Oktober bis Weihnachten hat das Gasthaus täglich außer am Mittwoch geöffnet.

Zusatzprogramm Wer seinen Akku noch voll hat oder genügend Muskelkraft verspürt, kann seine Radtour ein Stück fortsetzen, um ein weiteres Tal zu erobern. Vor dem Giebelhaus geht es rechts hinauf ins Obertal. Auch dieser Weg ist nicht wirklich anstrengend und nach der ersten Steigung geht es dann auch schon wieder gemütlich dahin. Mit gleich zwei weiteren sommerlichen Einkehrmöglichkeiten – der Alpe Laufbichl und dem Engeratsgundhof –, einem Wasserfall und neuen Bergaussichten ein sehr lohnendes Ziel!

Wir radeln entlang der Ostrach, die stellenweise türkisblau schimmert.

Rückfahrt Die Rückfahrt ab dem Giebelhaus ist denkbar einfach und völlig entspannt. Also kurz Bremsen checken und den Akku ausschalten und schon rollen wir auf dem bekannten Weg zurück bis kurz vor Hinterstein. Gute 500 Meter vor den Häusern führt nach links eine Brücke über die Ostrach. Ein kleines blaues Radschild zeigt uns, dass wir richtig sind. Diesem Schild können wir nun auf einem abwechslungsreichen kleineren Weg folgen. Im lustigen Auf und Ab geht es mal diesseits, mal jenseits des Flusses entlang der Ostrach. Diese schimmert geheimnisvoll türkis und lädt an Kiesbänken zu weiteren Pausen ein. Nur etwas Vorsicht ist geboten, wir teilen uns den Weg mit Wanderern, aber mit gegenseitiger Rücksicht ist das kein Problem. Schließlich erreichen wir am Kraftwerk Bruck wieder den bekannten Hinweg, dem wir zurück zum Ausgangspunkt folgen.

Bad Hindelang

Bad Hindelang ist das Zentrum des Ostrachtals. Schon zu Zeiten der Römer verlief die Via Decia, die vom Lech über das Tannheimer Tal zum Ostrachtal führte und dabei rund 300 Meter Höhenunterschied vom Oberjoch überwinden musste, an dieser Stelle vorbei. Größeren Aufschwung erlebte der Ort im 16. Jahrhundert, als die Grafen von Montfort für einen erfolgreichen Salzhandel den Saumpfad über das Joch zur Straße ausbauen ließen. Jahrhundertelang wurde hier Salz aus Tirol in Richtung Bodensee gebracht. Das 1671 erbaute Dreikugelhaus in der Hindelanger Marktstraße zeugt noch von dieser Zeit, es ist eine ehemalige Salzfaktorei.

23 Um den Grüntensee

Beim Wächter des Allgäus

leicht | 23 km | 100 Hm | 2 Std.

Ausgangs-/Endpunkt
Nesselwang

GPS
47.618329, 10.496741

Anfahrt
Bahn: Nesselwang ist mit dem Zug auf der Außerfernbahn von Kempten bzw. Garmisch-Partenkirchen erreichbar. Auto: Von München auf der A 96 bis Landsberg und auf der B 17 Richtung Füssen, von Steingaden über Roßhaupten nach Nesselwang.

Tourencharakter
Kurze, schöne Rundtour mit einigen Bademöglichkeiten, überwiegend auf einsamen Feldwegen, geringe Steigungen

E-Bike-Ladestation
Nesselwang: Schließfächer mit Lademöglichkeit am Willkommensplatz neben der Kirche

Information
nesselwang.de

Rechte Seite: Im Sommer dürfen wir keinesfalls die Badesachen vergessen.

Eine sehr gemütliche Tour um den Grüntensee bietet grandiose Aussichten auf die nahe Allgäuer Bergwelt und den markanten Berggipfel des Grünten, der auch »Wächter des Allgäus« genannt wird.

Großartige Aussicht Mit der Alpsitzbahn im Rücken radeln wir zur Dorfmitte. In die große Dorfhauptstraße, die Kemptner Straße, biegen wir links ein, verlassen sie aber nach 150 Metern erneut nach links in die Römerstraße. Jetzt geht es bergauf, bis wir auf eine Hauptstraße, die Reichenbacher Straße, die leider nicht ausgeschildert ist, treffen. Gegenüber beginnt unser Radweg, auf dem wir den Weiler Gschwend erreichen. Am Ortsende halten wir uns links bergab zur Römerbrücke. Zwar fehlen konkrete schriftliche Daten zur Geschichte, sicher ist aber, dass bereits die Römer hier die felsige Engstelle, durch die sich die Wertach zwängen muss, als Übergang nutzten. Hier befand sich eine der vielen Nebenstraßen der berühmten römischen Via Claudia Augusta. Unsere Strecke führt vor der Brücke links in den Feldweg. Wir radeln etwas oberhalb der Wertach abwechselnd durch Wald und vereinzelte Wiesen. Dann steht ein kleiner

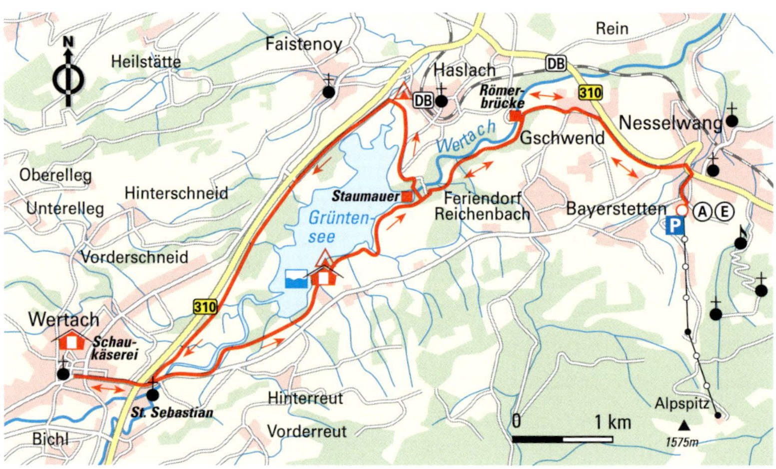

Anstieg bevor, und wir erreichen am Kraftwerk die Dammkrone des Grüntensees. Wir radeln nach rechts und überqueren dabei den Abfluss der Wertach aus dem See. Dann passieren wir den Hochseilgarten. Unmittelbar danach zweigt links ein wunderschöner Wiesenweg in Seenähe ab. Hier müssen wir schieben, denn das ist ein Fußweg! Aber dieser Weg ist weitaus schöner als der Hauptweg, der mitten durch den Ort Haslach mit seinem Autoverkehr führt. Unmittelbar nach dem Campingplatz stoßen wir wieder auf den eigentlichen Radweg, der uns links weiter um den See führt. Parallel

Guten Appetit

Unterwegs gibt es in Wertach ein paar Einkehrmöglichkeiten wie den Gasthof Engel (täglich ab 10 Uhr geöffnet). Am Ende der Runde finden wir auch einige Möglichkeiten in Nesselwang, wie den Gasthof Bären oder das Café Lipp vor der Kirche.

dazu verläuft die große Bundesstraße. Die Aussicht über den See auf die nahen Allgäuer Berge mit dem durch Antennen gekrönten Grünten ist einmalig.

Die kleine Wies

Die St.-Sebastian-Kirche auf der Straße nach Nesselwang wurde ehemals zu Ehren der heiligen Anna erbaut. Seit der Pestzeit 1511, während der an einem Tag 56 Menschen in Wertach starben, wird dort der heilige Sebastian, der Schutzpatron gegen den »Schwarzen Tod«, verehrt. Die Einheimischen nennen sie liebevoll »die kleine Wies«, denn der Kirchenbaumeister nahm sich damals die gerade fertiggestellte Wieskirche zum Vorbild.

Über Wertach Bald schon biegen wir links in einen weiteren Feldweg ein, der uns durch das Altachmoos näher an den See heranführt. Am südlichen Ende des Sees müssen wir uns nun entscheiden: Entweder wir radeln sofort links über die Wertach und setzen unseren Rundweg um den See fort oder wir machen einen Abstecher in den Ort Wertach. Das lohnt sich, wenn wir einkehren möchten oder um eine der typischen Allgäuer Käsereien zu besichtigen. Dafür fahren wir am rechten Wertachufer entlang zu einer großen Autostraße, gegenüber liegt die sehenswerte St.-Sebastian-Kirche, an der uns ein Radweg rechts sicher in den Ort bringt. Zurück geht es auf dem gleichen Weg bis zur Sebastian-Kirche. Wir bleiben für 600 Meter weiter auf dem Radweg, parallel zur Autostraße. An der Scheune geht es links in den Feldweg und schon sind wir an der Wertachbrücke, wo wir wieder auf den Hauptweg treffen. Durch die Flussauen kommen wir an das Seeufer. Gute Bademöglichkeiten erwarten uns nun beim Campingplatz Grüntensee. Danach führt ein breiter Kiesweg immer in Ufernähe weiter nach Norden, bis wir wieder auf die Staumauer treffen. Von dort geht es auf uns bekanntem Weg zurück.

Meist ist die Sebastianskirche geschlossen.

Linke Seite: Die Römerbrücke, die aber wohl deutlich jüngeren Datums ist

24 Von Pfronten ins Tannheimer Tal

Alpentäler und Almwiesen

mittel | 34 km | 400 Hm | 3 Std.

Ausgangs-/Endpunkt
Pfronten, Eisstadion

GPS
47.579282, 10.552790

Anfahrt
Bahn: Mit der Bahn bis zum Bahnhof Pfronten-Ried. Von dort auf der B 310 Richtung Süden bis zur Abzweigung zur Eishalle am Adolf-Haff-Weg radeln. Auto: Über die A 7 bis Oy-Mittelberg, auf der B 309 oder über München auf der B 17 bis Füssen, dann auf der B 310 nach Pfronten, weiter auf der B 309 bleibend in Richtung Breitenbergbahn, dann aber, ein Stück nach der Vilsbrücke, rechts in den Adolf-Haff-Weg einbiegen. Die Frühlingsstraße bringt uns nach rechts zum Stadion und zu den Parkplätzen.

Tourencharakter
Rundtour auf Nebenstraßen und Radwegen mit einigen ungeteerten Wegabschnitten. Die Höhenmeter sind bis auf einen kleinen steileren Anstieg kaum spürbar.

E-Bike-Ladestation
Pfronten am Dorfer Weiher oder am Bahnhof in Pfronten-Ried Radverleih: Pfronten: Sport Manhard, Birkenweg 1

Information
pfronten.de

Grenzenlos sind wir zwischen Bayern und Österreich unterwegs. Begleitet von den beiden Gebirgsbächen Ach und Vils, umgeben von einer gigantischen Bergwelt und umringt von üppig blühenden Almwiesen radeln wir von Pfronten ins Tannheimer Tal mit seinen vielen romantischen Dörfern.

Entlang der Ache Wir starten am Eisstadion in Pfronten in der Frühlingsstraße. Wer mit dem Auto gekommen ist, radelt retour, wie er zum Eisstadion gelangt ist: nämlich durch den Adolf-Haff-Weg zur großen Tiroler Straße. Dieser folgen wir in südlicher Richtung und biegen kurz darauf am Alpenhotel Krone rechts in den Kienbergweg ein. Vorbei am Dorfweiher folgen wir der Kienbergstraße und queren am Pfrontner Ortsende die Achtalstraße geradeaus in den Radweg. Schon sind wir mitten

Ein Platz zum Anhalten: die Alpe Kabeleshof

im Grünen und folgen der Beschilderung nach Grän entlang der kleinen Steinacher Ache. Angenehm ruhig plätschert der Fluss neben uns über kleine Steinkaskaden und schnell erreichen wir die Fallmühle mit ihrem Gasthaus. Auch wenn die Einkehr in das hübsche und liebevoll dekorierte Gasthaus lockt, müssen wir erst noch ein bisschen Strecke machen. So folgen wir hinter dem Gasthaus dem leicht ansteigenden Weg in den Wald hinein und bleiben der Ache treu, die nun schon deutlich wilder ihren Anspruch auf einen Bergbach geltend macht. Es handelt sich jedoch nur um ein Zwischenspiel. Schon geht es wieder deutlich sanfter und für uns nur noch leicht ansteigend an ihrem Ufer entlang. Langsam weitet sich das Tal und wir genießen die traumhaften Ausblicke auf den Aggenstein und die nahen

Im Achental

Oben: Der Aggenstein und grüne Almwiesen, die man im Allgäu Alpwiesen nennt.

Tannheimer Berge. Umgeben von herrlich blühenden Almwiesen stören wir uns dann auch nicht am Verlust des Bergbaches, der am Fuße der Berge weiterfließt. Kurz vor der Staatsgrenze endet unser Radweg, wir radeln auf der kleinen Nebenstraße weiter. Vorsichtig geht es über ein Viehgitter und nun sind wir

Pfronten ist ein großes Dorf mit weitverzweigten Ortsteilen.

im Alpgebiet des Engetals unterwegs. Kühe kreuzen die Fahrbahn und mit ihnen einige Fliegen. Also besser »Mund zu«, was uns im Angesicht der schönen Landschaft sicherlich schwerfällt. Dann steigt die Straße noch einmal etwas steiler an und am alten Zollhaus, der »Enge«, geht es hinüber ins Tannheimer Tal.

Wiesenwege im Tannheimer Tal Der Übergang von einem Tal zum nächsten gleicht einer Panoramaschau. Kaum sind wir im Tannheimer Tal, ändern sich die Berge und damit die ganze Kulisse. Beeindruckend liegen nun die Lechtaler und Allgäuer Alpen vor uns. Kurz bevor wir Grän erreichen, biegen wir hinter der Kapelle rechts in den Feldweg ein. Wieder umringt von satten, feuchten Blumenwiesen, erreichen wir auf einem Panoramaweg Innergschwend. Nach dem Gasthaus Beim Öfner und der nächsten Kapelle halten wir uns rechts und erreichen den Weiler Berg. Diesen durchqueren wir ohne nennenswerten Höhenverlust immer in ursprünglicher Fahrtrichtung (Schild »Zöblern«). Kurz hinter dem Ort passieren wir die malerische

Kapelle St. Leonhard und anschließend ein kleines Gewerbegebiet. Unmittelbar nach den letzten Häusern biegen wir links ein und stehen an der Vils. Diese überqueren wir nach wenigen Metern und unterqueren gleich darauf die Autostraße. Nun folgen wir der Beschilderung nach Schattwald, die uns bald wieder auf die andere Seite der Vils lotst. Vorbei an einigen Fischweihern, halten wir auf unserem Flussradweg Abstand zu den Orten Zöbeln und Schattwald, wobei beide einen kleinen Abstecher wert wären. Vor allem in Schattwald lohnt sich im Sommer ein Stopp am Moorbad Floschen. Nach dem großen Parkplatz des Rohnenliftes queren wir die Autostraße erneut und bleiben zunächst noch der Vils treu. Im Ortsteil Kappl biegen wir dann jedoch nach rechts aufwärts ab und halten uns gleich wieder links. So verlassen wir das Tannheimer Tal und Kappel und der einzige wirkliche Anstieg steht uns bevor.

Einsam durch das Vilstal Für die Strecke hoch über dem Vilsfall und der Vilsschlucht müssen wir etwas an Höhe gewinnen. Das kurze Stück lässt sich aber auch schieben und verläuft zum Glück angenehm schattig im Wald. Kaum haben wir diesen verlassen, geht es auch schon wieder bergab, und das ganz schön flockig. Also besser die Bremsen prüfen und Abstand zum Vordermann lassen! Immer dem Hauptweg folgend, rollen wir über ein paar Kurven hinunter zur Vils, auf die wir an einem wunderschönen Almboden treffen. Nun ist es auch nicht mehr weit zur bereits sichtbaren Alpe Kalbelehof, wo wir uns eine Einkehr verdient haben. Ab hier ist der weitere Wegverlauf einfach, auch wenn er noch lange nicht vorbei ist. Stets der Vils folgend geht es über die Staatsgrenze wieder nach Bayern. Vorbei an dem Gasthaus Vilstalsäge, unserer vorerst letzten Einkehrmöglichkeit, geht es im Auf und Ab nach Pfronten zurück. Dort überqueren wir gleich am Ortsanfang die Vils und folgen dann dem Rad- und Fußweg durch den Kurpark zum Eisstadion.

Guten Appetit

In völliger Alleinlage, unweit der wildromantischen Vils liegt die Alpe Kalbelehof auf einer grünen Almwiese direkt an unserer Radstrecke. Mitten in der Natur, umgeben von Bergen, werden dort leckere Brotzeiten und hausgemachte Kuchen serviert. Ein wirklich traumhaft schönes Rastplätzchen, das man auch nur mit dem Fahrrad oder zu Fuß erreicht (nur von Juni bis September geöffnet). Es gibt aber unterwegs noch mehr Möglichkeiten für einen Boxenstopp, z. B. den Kiosk Haxlstopp bei Grän oder Beim Öfner in Innergschwend.

25 Von Pfronten um die Ruine Falkenstein

Über den Vilstalradweg nach Füssen und zum Alatsee

schwer | 31 km | 500 Hm | 3.30 Std.

Ausgangs-/Endpunkt
Pfronten-Ried, Bahnhof

GPS
47.583573, 10.560657

Anfahrt
Bahn: Der Bahnhof Pfronten-Ried liegt auf der Bahnstrecke Kempten-Pfronten, die auch durch die Außerfernbahn, die weiter nach Tirol führt angesteuert wird. Auto: Über die A 7 bis Ausfahrt Oy-Mittelberg oder über München auf der B 12 bis Marktoberdorf oder ab Landsberg auf der B 17 nach Füssen und weiter auf der B 310 nach Pfronten. Dort der Beschilderung in den Ortsteil Ried zum Bahnhof folgen (Achtung: Pfronten besitzt drei Bahnhöfe!)

Tourencharakter
Etwas anstrengende Rundtour mit einigen längeren Steigungen. Meist auf Forst-, Rad- und Wanderwegen, aber auch auf unebenem Untergrund. Schwierige Abschnitte lassen sich auch umgehen.

E-Bike-Ladestation
Am Bahnhof in Pfronten-Weißbach, am Dorfer Weiher in Pfronten-Dorf, an der Touristinfo »Haus des Gastes«, Vilstalstr. 2, Pfronten-Ried

Information
pfronten.de

Etwas schweißtreibende, aber wunderschöne Radtour um die Burgruine Falkenstein. Inklusive sind die Füssener Altstadt, der Lechsprung, der Alat- oder Weißensee sowie viele andere Sehenswürdigkeiten am Wegesrand.

Über den Vilstalradweg nach Füssen Wir starten unsere Radtour vom Bahnhof in Pfronten-Ried. Gleich zu Beginn wenden wir uns in der Bahnhofstraße nach Westen, denn wir dürfen die Einbahnstraße nicht in verkehrter Richtung fahren. So stoßen wir auf die Allgäuer Straße, die den Ort Pfronten durchquerende Hauptstraße. Auf ihr radeln wir nach links und folgen dem Verlauf der Vorfahrtsstraße, bis wir auf einer kleinen Brücke die Vils überqueren. Unmittelbar dahinter biegen wir links in den Jagdhausweg ein, passieren das historische Jagdhäuschen sowie die evangelische Kirche und erreichen die Bahngleise. Diese überqueren wir schiebend, und fahren dann geradeaus am Fluss entlang. Mit herrlichster Sicht auf die Allgäuer Berge, allen voran den mächtigen Aggensteinstock, geht es ins Vilstal nach Österreich. An der nächsten Brücke fahren wir nach links, um wenige Meter später rechts in den Panoramaweg einzubiegen. Kurz darauf queren wir wieder die Flussseite, wo wir uns auf dem geschotterten Radweg halten, der in unmittelbarer Nähe zur Vils auf ihrer rechten Seite verläuft. Der Seitenwechsel hat noch kein

Ende, erneut geht es auf die gegenüberliegende Flussseite, der wir jetzt treu bleiben.

Wir radeln flott mit Sicht auf die Berge am Fuße des Zirmgrats. Bald sehen wir über uns die markanten hellen Felsen der Burgruine Falkenstein, die man von dieser Seite des Tals nur zu Fuß erreichen kann. Neben uns plätschert die idyllische Vils, bis wir in die Nähe des großen Kieswerks kommen. Wir fahren nach links, steuern direkt auf den Turm der Burgruine Vils und der darunterliegenden Anna-Kapelle zu. Zur darüberstehenden Burgruine Vils führt nur ein Fußweg.

Die Vils auf ihrem Weg zum Lech

Oben: Füssen mit seiner malerischen Altstadt ist einer der Höhepunkte auf der Radtour.

Am Fuße des Berges erreichen wir die ersten Häuser von Vils. Vor uns sehen wir kleine Transportwaggons, die mittels der Seilbahn die Gesteinsbrocken zum Kieswerk transportieren. In deren Sichtweite biegen wir links in die Straße Am Kanal und halten uns links. Wieder führt der Weg über Felder und unter der großen Bundesstraße hindurch, die an dieser Stelle gerade aus dem Tunnel unter dem Zirmgrat kommt. Nun wird es etwas anstrengender, denn der Weg führt auf und ab oberhalb des Lechs durch den Wald. Es ist gleichzeitig ein bekannter

Wanderweg, sodass wir Rücksicht auf die Fußgänger nehmen. So überschreiten wir die Grenze nach Bayern. Alte Grenzsteine an den Felswänden zeigen, dass sich der Grenzverlauf seit vielen Jahrhunderten nicht verändert hat. Schließlich lichtet sich der Wald und nach einer letzten kleinen Steigung stehen wir am Ortsrand von Füssen und gehen mit einigen wenigen Schritten nach rechts zum Lechfall.

Guten Appetit

Wir finden jede Menge Einkehrmöglichkeiten in Füssen, wie das Gasthaus Schooberl, den Gasthof Alpenblick am Alatsee, den Gasthof Weißensee am Weißensee und am Ende der Tour den Gasthof Engel in Pfronten.

Der Lechfall bei Füssen Die Klamm, in die sich der Lech in einem Wasserfall stürzt, entstand am Ende der letzten Eiszeit. Dabei hatten sich im Vilstal bis nach Pfronten zwei Seen aufgestaut. Das Überwasser des oberen Sees stürzte in einem Wasserfall auf das Niveau des tiefer liegenden Sees und ganz langsam sägte sich das Wasser durch die Felsbarriere. So bildete sich die Lechschlucht. Von einem Steg aus bewundern wir sie bequem und risikolos.

Füssen oder Tal der Sinne Für die Weiterfahrt sollen wir laut Verkehrszeichen die nächsten 350 Meter schieben, dann haben wir den Länderweg erreicht und müssen uns entscheiden: Wenn wir die Füssener Altstadt besichtigen wollen, radeln wir abwärts bis zur Alatseestraße, auf der wir nach rechts zum Füssener Schloss und ins lebendige Zentrum gelangen. Wer keine Lust dazu hat und sich ein paar Höhenmeter sparen möchte, wendet sich gleich nach links in den Schwärzerweg. Er führt direkt zum Erholungsgelände von Bad Faulenbach. Heute gehört der Kurort zur Stadt Füssen. In den letzten Jahren wurde im Kurpark das Tal der Sinne mit Barfußpfad, Kräuterbeeten und Kneippbecken gebaut. Die schwefelhaltigen Quellen wurden schon von den Römern entdeckt. Bereits im 15. Jahrhundert nutzte das Kloster St. Mang das gesunde Wasser und errichtete ein Badehaus.

Zum mystischen Alatsee Jetzt steht die Auffahrt zum Alatsee bevor. Vorbei geht es noch an den beiden Freibädern, die am Mitter- und Obersee im Faulenbacher Tal liegen. Danach steigt die fast verkehrsfreie Zufahrtsstraße weiter leicht an und wir erreichen direkt am gleichnamigen Gasthof und Hotel den berühmten Alatsee.

Rechte Seite: Historischer Grenzübergang auf den alten Saumpfaden am Lech

1773
1/1
1844

Unten: Kneipptretbecken in Bad Faulenbach

Lechfall bei Füssen

Über den Weißensee Wir radeln über den Parkplatz und folgen der geteerten Zufahrtsstraße bergab. In einem Bogen wendet sich die Straße in östliche Richtung und im Tal erreichen wir das östliche Ende des Weißensees. Sein südliches Ufer ist für Radfahrer gesperrt, sodass wir bis kurz vor die B 310 fahren. 150 Meter vorher beginnt links der Uferradweg um den Weißensee. Es geht jetzt gemütlich auf fast flacher Strecke durch ein artenreiches Moor. Im Sommer blüht das Wollgras mit watteweißem bauschigem Flaum. Über dem Wasser ragt der Höhenzug des Zirmgrats empor. Vorbei am alten Pfarr- und Schulhaus sowie an der malerischen Kirche St. Walburga in Weißensee gelangen wir in den Ortsteil Oberkirch. Während der Badesaison müssen wir unsere Räder durch das

öffentliche Strandbad schieben. So sammeln wir noch einmal Kraft, denn hinter dem Ort steht uns ein weiterer Anstieg bevor. Wir gewinnen rasch an Höhe, sollten uns aber unbedingt auch einmal umdrehen: Die Aussicht über den See nach Füssen und auf den Tegelberg ist einmalig.

Parallel zur B 310 geht es zum Ortsteil Roßmoos, leider stets leicht bergauf. Kurz hinter Roßmoos müssen wir uns dann entscheiden: Wir können entweder weiter parallel zur Bundestraße auf dem Radweg fahren – auch hier erwartet uns eine Steigung, aber keine anstrengende – oder links über Benken radeln, wo wir über Meilingen nach Pfronten gelangen. Dafür müssen wir aber kurz hinter Benken eine saftige Steigung in Kauf nehmen. Das anstrengendste Wegstück können wir auch schieben. Umso mehr genießen wir dann die Abfahrt hinab nach Meilingen.

Dort stoßen wir auf eine größere geteerte Straße und freuen uns über den traumhaften Blick über das Pfrontener Talbecken mit dem markanten hohen Kirchturm der Kirche St. Nikolaus. Hier wenden wir uns nach rechts und radeln in den Falkensteinweg, der uns über mehrere Kurven, am Alpenbad vorbei, steil hinunter ins Tal bringt. An der Vorfahrtsstraße halten wir uns links und erreichen so die Bahngleise im Ortsteil Ried. Unmittelbar dahinter geht es rechts in die Bahnhofstraße und wir haben unseren Ausgangspunkt erreicht.

Alatsee

Jede Menge Mythen ranken sich um den idyllischen Waldsee. So stünde ein Krieg oder ein Pestausbruch bevor, wenn er sich rot verfärbt. Auch hausten dort Gespenster, die alle Menschen in die Tiefe zögen. Und am Grund seien die Goldschätze des Dritten Reiches versenkt. In Wirklichkeit verbirgt sich dahinter ein ungewöhnliches Ökosystem: In gut 15 Metern Tiefe befindet sich eine leuchtend rote Schicht von Schwefelbakterien. Sie ernähren sich von dem Schwefelwasserstoff, der im Wasser unter ihnen gelöst ist. Woher dieser stammt, konnte bislang allerdings noch nicht eindeutig geklärt werden.

Oben: Der Alatsee ist ein echtes Naturidyll.

26 Vom Hopfensee durch das Ostallgäuer Land

Auf den Spuren des Käses

leicht | 40 km | 350 Hm | 3.15 Std.

Ausgangs-/Endpunkt
Hopfen am See, Uferpromenade

GPS
47.607625, 10.678661

Anfahrt
Auto: Von München auf der A 96 bis Landsberg und auf der B 17 Richtung Füssen, dort weiter über die St 2008 nach Hopfen am See. Es gibt viele gebührenpflichtige Parkplätze direkt am Seeufer.

Tourencharakter
Herrliche Rundtour, überwiegend auf Radwegen und kleinen Nebenstraßen. Der Weg verläuft zum Großteil auf dem Ostallgäuer Emmentaler Radweg.

E-Bike-Ladestation
An der Touristinfo Füssen und Hopfen am See befinden sich Schließfächer, teilweise mit Steckdose zum Laden der E-Bike-Akkus.

Information
fuessen-hopfen.de;
kaese-shop-allgaeu.de;
hofkaeserei-lipp.de;
sennerei-lehern.de

Herrlich gelegene Seen und Weiher, kleine romantische Dörfer, sanfte Hügel und ein einzigartiges Bergpanorama kombiniert mit ganz viel Käse – so kann man diese Tour mit wenigen Worten beschreiben.

Zum barocken Kleinod

Wir starten an der Uferstraße und radeln auf dem Radweg Richtung Westen, den See zu unserer Linken. Kurz nach dem Campingplatz Guggemoos verlassen wir den Ort Hopfen und folgen der Straße wenige Hundert Meter. Dann biegen wir nach rechts, leicht aufwärts in die nach Seeg beschilderte kleinere Nebenstraße ab. Es geht Richtung Norden. Gleich nach dem ersten kleinen Hügel stößt von links der Käseradweg zu uns, wobei wir geradeaus radeln. Ab hier ist der Radweg mit dem Symbol eines kleinen angeschnittenen Käselaibs ausgeschildert. Diesem folgen wir nun einfach. Bald schwenkt der Radweg

Am Schwaltenweiher

nach links, führt auf und ab nach Seeg, wobei uns ein längerer Anstieg zur Ortsmitte bevorsteht. In Seeg sollten wir uns Zeit nehmen und auf der Hauptstraße nach rechts die wunderbare barocke St.-Ulrichs-Kirche besichtigen.

Weiher-Paradiese Wir überqueren die Hauptstraße leicht nach rechts in die Nesselwanger Straße. Sie führt bergab, dann nach links auf einen Radweg, der parallel zur Autostraße verläuft. Dabei passieren wir den sich hinter dickem Schilf versteckenden Seeger See. An der ersten Möglichkeit überqueren wir die Autostraße nach rechts in die kleine geteerte Nebenstraße und folgen ihr über Seeweiler, hier links haltend, bald über Felder zu den nächsten Allgäuer Weihern, dem Luimooser Weiher und dem Troll-Weiher. Das Käsesymbol ist jetzt etwas seltener zu sehen. Aber der Radweg verläuft im Links-rechts-Knick genau zwischen den Weihern hindurch. Dann führt er auf

Guten Appetit

Auf unserem Weg passieren wir einige Käsereien, in denen man auch gut einkehren kann. Ansonsten gibt es Einkehrmöglichkeiten in Seeg, am Schwaltenweiher, in Hopferau, am Maria Hilfer Sudhaus in Speiden sowie am Ende der Tour jede Menge Restaurants und Cafés in Hopfen am See.

eine geteerte Straße, die uns nach rechts mit herrlicher Aussicht auf die Berge und die Rückholzer Kirche nach Holzleuten bringt. Hier treffen wir auf unsere erste Käserei, die MVO. Nach der Kirche biegen wir links in die Seeger Straße und es geht leicht bergab der Hauptstraße folgend zum Schwaltenweiher.

Badestopp möglich Der Schwaltenweiher ist perfekt für einen längeren Badestopp. Überaus reizvoll liegt er vor den Allgäuer Bergen. Gleich nach der Gaststätte gibt es eine Badewiese, für die meist eine kleine Gebühr vom Bauern kassiert wird. Wenige Hundert Meter in Richtung Strandbad, aber vor dem Parkplatz, kann man auch kostenfrei liegen.
Für die Weiterfahrt auf dem Emmentaler Radweg radeln wir aber in die andere Richtung. Die Hinweisschilder weisen uns nach rechts. So passieren wir eine weitere Badewiese mit Kiosk und radeln darauf durch den Weiler Goldhasen. Bergab führt der schmaler werdende Weg an einer klitzekleinen Kapelle vorbei. Auf dem Wiesenpfad passieren wir das Südufer des Sees und stoßen nach einem kleinen Waldstück auf eine größere Autostraße. Der Radweg führt weiter nach rechts auf einen Feldweg. Über Rennbothen folgen wir im Zickzack den Schildern, passieren einige Kiesgruben und queren bald die Autobahn A 7. So kommen wir durch Schwarzenbach nach Weizern, wo die nächste Käserei-Genossenschaft etwas unterhalb der ersten Liebener Höfe liegt.

Allgäuer Käse

Das Allgäu ist bekannt für seine zahlreichen Käsespezialitäten. In vielen kleinen Dörfern gibt es private und Genossenschafts-Sennereien. In allen wird die silofreie Milch zu den verschiedensten Käsesorten weiterverarbeitet. Jede Region hat dabei ihre eigenen Spezialitäten und natürlich schmeckt Käse nicht gleich Käse. Zwar verwenden alle Käsereien reine Heumilch, aber die schmeckt nun mal schon von Kuh zu Kuh anders. Heumilchkühe genießen eine ganz besondere, traditionelle Fütterung: im Sommer Gräser und Kräuter auf der Weide, im Winter Heu.

Das letzte Stück Nach der Einkehr geht es das letzte Stück bergab und dann rechts durch den größten Ortsteil von Weizern. Über kleine Straßen sind wir gleich in Eisenberg, das wir am Rande eines Neubaugebiets passieren. Einige Minuten später erreichen wir den Wallfahrtsort Speiden, wo wir die Maria-Hilf-Kirche mit ihrer zart grün-weiß verzierten Stuckdecke mit den Gemälden besuchen. Im hübschen Gasthaus Maria Hilfer Sud-

haus können wir einkehren. Übrigens war es früher ganz normal, dass zu jeder Wallfahrtskirche ein Gasthaus gehörte. Hier in Speiden wird diese Tradition durch die kleine, aber feine hauseigene Brauerei getoppt.
Weiter geht es mit fantastischer Sicht bis zum Schloss Neuschwanstein über Felder nach Hopferried. Von dort sind wir schnell über Wiedemen in Lehern, wo wir an der großen Straße noch einmal Käse in der Sennerei verköstigen oder uns für zu Hause eindecken. Jetzt ist es nicht mehr weit und wir folgen an der Käserei dem Radweg nach links, entlang der großen Straße. Am Ortseingang von Hopferau biegen wir rechts ab und bleiben auf dem Radweg, der uns direkt über die Autobahn zurück nach Hopfen am See führt.

Badefreuden im Hopfensee …

Oben: … einschließlich Radlspaß für die ganze Familie

27 Um den Forggensee

Der größte See des Ostallgäus

leicht | 33 km | 300 Hm | 3 Std.

Ausgangs-/Endpunkt
Füssen, Bahnhof

GPS
47.570479, 10.696935

Anfahrt
Bahn: Mit dem Zug bis Füssen, dann startet die Tour von dort. Auto: Über die A 7 bis Ausfahrt Füssen oder über die B 16 nach Füssen. Wenige Parkplätze am Bahnhof, am besten am Eisstadion in der Kemptner Straße parken.

Tourencharakter
Hügelige und sehr sonnige Rundtour größtenteils auf Rad- und Feldwegen und kleinen Nebenstraßen. Einige Anstiege sind zu meistern. Am Wochenende stark frequentiert. Badesachen nicht vergessen!

E-Bike-Ladestation
Roßhaupten: Dorfmuseum, Augsburger Straße; Füssen: Kemptener Straße 6

Information
fuessen.devv

Die Traumtour führt uns nach Füssen und um den Forggensee mit fantastischen Ausblicken auf die Ammergauer und Lechtaler Alpen, die Königsschlösser, die Berge des Tannheimer Tals und den Grünten.

Füssen und der Lech Wir wollen den Forggensee gegen den Uhrzeigersinn umrunden. Das hat den Vorteil, dass die Einkehrmöglichkeiten in der zweiten Hälfte der Runde liegen. Aber sicherlich ist die andere Richtung auch möglich. Wir starten am Bahnhof in Füssen und radeln auf der Bahnhofstraße nach Osten in Richtung Altstadt. Am großen Kreisverkehr geht es geradeaus in die Straße am Kaiser-Maximilian-Platz, die dann zur Sebastianstraße wird. So passieren wir die Altstadt, deren Besichtigung wir auf das Ende der Tour verschieben. An der alten Stadtmauer beginnt ein Radweg zum Lech. Dort fahren wir nicht über den Lechsteg, sondern unterqueren die große Autostraße nach links und radeln minimal flussabwärts zum Stauwerk. Hier überque-

Hohes Schloss von Füssen

ren wir den Lech und biegen dann links in den Forchenweg ein. Nun geht es stets der Radwegbeschilderung »Forggenseerunde« bzw. »Waltenhofen« nach.

Wir passieren auch einige kleinere Seen, wie den Schapfensee.

Ostufer Über Horn erreichen wir Waltenhofen und das Ostufer des Sees. Direkt nach Waltenhofen teilt sich der Weg. Der schönste Weg ganz links, der direkt am Ufer entlangführt, ist leider nur für Fußgänger freigegeben. Ansonsten können wir einen der beiden anderen wählen, sie führen beide nach Brunnen, wo wir dann rechts abbiegen. Ein letzter Blick zurück zum Schloss Neuschwanstein lohnt sich, dann radeln wir nach links über die Mühlberger

Guten Appetit

Mehrere Möglichkeiten unterwegs: Aussichtsreich ist der Panorama-Stadl über dem Illasbergsee, Ullis Café liegt am Seehotel Schnöller bei Rieden, das Café Maria befindet sich direkt am Wasser.

Ach und damit weiter Richtung Norden. Jetzt wird es hügelig und unser Radweg steigt an. Die sanft hügeligen Blumenwiesen rechts und links von uns entschädigen uns für die Mühe. Eine erste Pause gönnen wir uns, wenn wir den idyllischen Hegratsrieder Weiher erreichen. Er lädt zum Baden ein, aber auch dazu,

Café Maria am Westufer

Linke Seite: Ausblick von der Tiefentalbrücke

einen genaueren Blick auf seine artenreichen und geschützten Uferbereiche zu werfen. Gerade am nördlichen Ende, wo der kleine Bach in den See mäandert, wachsen im Frühjahr unendlich viele Mehlprimeln, Enziane und Sumpfdotterblumen. Ein Biotop auf kleinstem Raum. Da fällt es schwer, Abschied zu nehmen, aber weiter geht es nach Norden, dabei müssen wir unseren Muskeln noch einmal etwas zumuten. Aufwärts geht es über Greith, bis wir an die große Straße bei Rauhenbichl stoßen. Die Anstrengung wird uns jedoch mit immensen Ausblicken versüßt, so schön, dass wir uns sogar richtig Zeit lassen.

Nordspange am Illasbergsee In Rauhenbichel folgen wir dem Radweg nach links. Gleich hinter Kniebis heißt es bremsen, denn wir rollen die vorher gewonnenen Höhenmeter mit gewaltigem Schwung wieder hinab und erreichen so den Illasbergsee. Der

Still ruht der Forggensee bei Waltenhofen.

See ist eigentlich nur eine Bucht, denn er ist an einer Engstelle mit dem Forggensee verbunden. Ein großes Badegelände mit Liegewiesen und Kiosk zeigt, wie gut man hier im Sommer ins Wasser springen kann. Dahinter steigt der Radweg wieder an und wir erreichen einen der schönsten Aussichtspunkte am Forggensee. Rund um den Panoramastadl blickt man über das Wasser auf die nahen Allgäuer Berge und fühlt sich wahrlich königlich – sogar noch besser, denn definitiv hat König Ludwig II. da was versäumt. Wir reißen uns los und rollen hinunter zum Kraftwerk Roßhaupten, wo der Lech den Forggensee wieder verlässt. Vorbei an den Römerstelen, die auf die alte römische Straße Via Claudia aufmerksam machen, geht es an den Ortsrand von Roßhaupten.

Westufer Noch vor der B 16 biegen wir links in den Radweg ein, der uns nun in südlicher Richtung zurückführt. Bald überqueren wir auf der Tiefentalbrücke den Bernmoosbach, wobei Einheimische auch Drachenschlucht dazu sagen. Kurz

Forggensee

Der Forggensee, der eigentlich kein natürlicher See, sondern der aufgestaute Lech ist, prägt zusammen mit den Allgäuer Bergen diese herrliche Radtour. Herrlich sind auch die vielen grünen Höhenrücken, die Drumlin genannt werden. Sie sind ein Überbleibsel des Lechgletschers aus der letzten Eiszeit. Ihre Wiesen werfen sich im Frühjahr in ein gigantisches Blütenkleid. Zusammen mit dem Glitzern des Wassers sorgt diese einzigartige Prachtkulisse für jede Menge Glücksmomente.

nach der Brücke biegen wir links ein; wir wollen nicht der B 16 auf dem Radweg folgen, sondern näher am Wasser fahren. So erreichen wir Dietringen mit seinem netten Café Ulli. Über Wiesen fahren wir weiter nach Süden, wobei wir den See etwas verlassen und uns an der Weggabelung rechts halten. An der T-Kreuzung geht es aber schon wieder nach links und gleich wieder nach rechts. Als Nächstes erreichen wir Osterreinen, und wenn wir aus dem Ort radeln, sind wir wieder in Seenähe. Abwärts geht es hinunter zum Café Maria und dann malerisch am Uferweg weiter. Viel zu schnell erreichen wir die ersten Häuser in Ehrwang. Mit einem Schlenker unter der Autostraße hindurch besuchen wir das große Festspielhaus Neuschwanstein, in dem unter anderem das Musical »König Ludwig« aufgeführt wird. Am Ende der großen Parkanlage halten wir uns links und fahren dann auf der langen Weidachstraße, die ganz zum Schluss zur Hochstiftstraße wird, nach Füssen hinein. Wir erreichen die Altstadt wieder an der Stadtmauer, nach rechts geht es zum Bahnhof zurück. Zuvor lohnt es sich, die Räder abzustellen und durch die Gassen zu bummeln. Füssen hat ein ganz eigenes Flair mit einem äußerst quirligen Zentrum.

Unten: Am Festspielhaus bei Füssen ist untertags wenig los, aber am Abend füllt sich der Garten.

Pause am Illasbergsee

28 Nördlich des Forggensees

Seenrunde bei Lechbruck

mittel | 33 km | 350 Hm | 3 Std.

Ausgangs-/Endpunkt
Roßhaupten, Touristinfo

GPS
47.653633, 10.718143

Anfahrt
Auto: Auf der B 16 nach Süden bis Roßhaupten. Das Dorf liegt am nördlichen Ende des Forggensees. Parkplätze im Ort.

Tourencharakter
Eine nicht ganz so lange Rundtour meist auf Radwegen und kleinen Nebenstraßen, wenig Schatten, viele Bademöglichkeiten.

E-Bike-Ladestation
Roßhauptner Dorfmuseum in der Augsburger Straße

Information
rosshaupten.de

Diese Runde führt uns durch das wunderbare Allgäuer Wiesenhügelland in ein Seenparadies mit vielen Bademöglichkeiten. Auch Fernsichten kommen nicht zu kurz, genauso wie entspannte Wegabschnitte entlang des Lechs.

Allgäuer Wiesenhügelland mit Bergblick Wir starten an der Touristinfo im Rathaus von Roßhaupten und folgen der Dorfstraße nach Norden. Am Wohnmobilstellplatz beim Camping Miller unterqueren wir die B 16 und setzen auf der anderen Seite unsere Radtour in Fahrtrichtung fort. Über die Felder passieren wir mit etwas Abstand die auffällige Fischhaus-Kapelle, die einen ersten Stopp wert ist.

Bauernhaus bei Nachsee

Die Fischhaus-Kapelle Im Mittelalter gab es an dieser Stelle einen großen Weiher, der die Bischöfe von Augsburg mit Fischen versorgte. In seiner Mitte ragte eine kleine Insel aus dem Wasser, auf der Fürstbischof Peter von Schaumburg 1450 ein Wasserhaus errichten ließ, in dem sein Fischermeister wohnte. Weil die Bischöfe an dieser einmaligen Stelle immer wieder Feste feierten, ließen sie eine Kapelle dazu bauen. Mitte des 18. Jahrhunderts wurde sie, da sie baufällig war, mit einer kostbaren barocken Innenausstattung neu aufgebaut. Aus dieser Zeit stammt das Fresko mit dem reichen Fischfang des Petrus.

Am Gasthaus Claudia Via stoßen wir auf eine größere Autostraße. Diese überqueren wir und biegen rechts auf den Radweg ein, der parallel zu ihr verläuft. Die Abzweigung nach rechts durch die Unterführung ignorieren wir, folgen aber 100 Meter weiter links der Straße hinauf zu den Bauernhäusern von Salach. Oben

Guten Appetit

In Roßhaupten, Bernbeuren und Lechbruck gibt es verschiedene Einkehrmöglichkeiten, wie das Gasthaus Via Claudia (geöffnet Di bis Fr 15–22 Uhr, Sa, So und feiertags 12–22 Uhr, Winterpause ab Mitte Oktober).

halten wir uns rechts, zwischen einem Bauernhaus und einem Einfamilienhaus hindurch. Die kleine Straße wird zum Feldweg und wir cruisen den Hügel hinab zur nächsten Teerstraße. Dieser folgen wir nach rechts, biegen jedoch wenige Meter vor der größeren Bundesstraße links in den kleineren Weg ein.

Durchs Seenparadies Der Radweg führt vorbei am Langenwalder Weiher, über den Sameister-Weiher und den Kinsegger Weiher bis zum Gut Kinsegg. Hier halten wir uns links, radeln durch die feuchte Rossgumpenfilze zum Weiler Nachsee, den wir geradeaus durchqueren. Der Weg steigt an, die weite Sicht über das hügelige Ostallgäu zu den nahen Bergen entschädigt für die Anstrengung. Dann erwartet uns eine herrliche Panoramafahrt, stets auf der Hauptstraße bleibend, über den Langegger Weiher und die Häuser von Loxhub bis nach Ried, wo wir auf eine größere Autostraße treffen. Nach links gibt es noch einen kurzen Anstieg und schon sind wir in Bernbeuren.

Rosenpracht unweit der Staustufe von Roßhaupten

Rechte Seite: St. Wendelin bei Lechbruck

Bernbeuren Das Dorf ist bekannt für seinen Auerberg mit dem stimmungsvollen Gotteshaus und einem Wirtshaus, von dem man eine traumhafte Aussicht genießt. Dort hinauf sind es aber viele Höhenmeter, und die wollen wir uns heute sparen. Dafür werfen wir einen Blick in die Pfarrkirche St. Nikolaus, deren barocke Ausstattung aus dem 18. Jahrhundert stammt und ebenfalls sehr schön ist. Das Auerbergmuseum im Kiebelehaus erzählt von der Dorfgeschichte, aber auch von den römischen Ausgrabungen am Auerberg.

Weiterfahrt nach Lechbruck Von der Hauptstraße, der Füssener Straße, fahren wir in der Nähe des Pfarrhauses auf den Lechweg und folgen ihm ortsauswärts. Am Ende trifft der Lechweg mit dem Flurweg zusammen, diesem folgen wir nach rechts. Ein letztes Mal geht es leicht bergauf, dann sausen wir über die Wiesen auf den Lech zu. Kurz vor der Lechstaustufe vier erreichen

Rechts: Am Lechstausee legen auch Flöße ab.

Der Gurrenmarrener Weiher, einer von vielen auf der Runde

wir sein Ufer und folgen dem Fluss nach rechts. Vorbei an den Staustufen vier und drei erreichen wir den Lechstausee in der Nähe von Lechbruck. Im Sommer kann man hier herrlich baden. In Lechbruck stoßen wir auf die große Ortsdurchgangsstraße, der wir nach links bis zur Bahnhofstraße folgen. Doch es lohnt sich, einen Abstecher hinter das Rathaus zu machen, um noch einmal für wenige Meter dem Lech aufwärtszufolgen. Denn hier rauscht der Fluss über einige Stromschnellen in Richtung Stau-

see, markante Felssteine zwingen ihn in ein engeres Flussbett.

Via Claudia Augusta

Einst kontrollierten die Römer von einem Militärlager auf dem Schlossberg in Füssen aus die Via Claudia Augusta. Sie war vor 2000 Jahren die wichtigste Fernstraße, die Rom und Italien mit den eroberten Gebieten nördlich der Alpen verband. Zudem verkehrten auf ihr Frachtfuhrwerke der Händler, der Versorgungstruppen und Reisende aller Art. Wenn der Forggensee im Spätherbst abgelassen wird, kann man am Seegrund einen langen Damm erkennen. Sicher ist, dass es sich um die Reste einer römischen Straße handelt. Nicht ganz klar ist, ob es sich um die Via Claudia oder eine Seitenstraße handelt.

Ehemalige Bahnstrecke Zurück in der Bahnhofstraße, folgen wir ihr nach Westen. Einen Bahnhof suchen wir vergebens, den gibt es schon lange nicht mehr. Aber am Ende des Gewerbegebiets geht die Straße in einen Radweg über, der auf der ehemaligen Bahnstrecke herrlich flach verläuft. So kommen wir rasch vorwärts. Einmal unterqueren wir die Autostraße auf die andere Seite, dann biegen wir rechts Richtung Schmutterer Weiher ein.

Noch mehr Weiher Geradeaus lohnt sich im Sommer ein Abstecher dorthin, um in dem herrlichen Moorwasser zu schwimmen. Ansonsten halten wir uns an der Weggabelung rechts und erreichen über die Felder den einsam gelegenen Bauernhof von Nepfen. Weiter nach Süden passieren wir den Gurrenmarrener Weiher, auf dem im Sommer viele Seerosen blühen. Nach dem Bauernhof von Gurrenmarren genießen wir die herrlichen Ausblicke über das Allgäuer Land und die nahen Tannheimer Berge. Wir folgen dem Feldweg bis nach Tiefenbruck. Auf einer Teerstraße zwischen den Häusern geht es bergab, vorbei am Tiefenbrucker Weiher bis zur querenden Teerstraße. Gleich darauf stoßen wir auf eine größere Autostraße, die wir vorsichtig nach rechts zum Radweg queren. Diese Strecke ist identisch mit dem Forggenseerundweg. Am modernen Kunstpark mit seinen Skulpturen können wir kurz anhalten, dann geht es bergab und wir radeln direkt auf Roßhaupten zu. Unter der B 16 hindurch sind wir schnell wieder in der Ortsmitte.

Der Lechstausee eignet sich gut für eine Pause, zum Baden oder Tretbootausleihen.

Die ehemalige Bahntrasse ist heute ein bequemer Radweg.

29

Von Marktoberdorf auf die Bergmangalpe

Dunkler See und weite Sicht

leicht | 32 km | 125 Hm | 2.30 Std.

Ausgangs-/Endpunkt
Marktoberdorf, Bahnhof

GPS
47.779328, 10.614736

Anfahrt
Bahn: Mit dem Zug bis Marktoberdorf. Auto: Von München auf der A 96 bis Ausfahrt Buchloe, auf der A 12 nach Marktoberdorf, Ausfahrt Marktoberdorf Nord, Parkplätze am Bahnhof.

Tourencharakter
Rundtour meist auf Forst- und Radwegen und wenig befahrenen Autostraßen. Am Elbsee gilt stellenweise Fahrverbot, dort müssen wir das Rad durch das Landschaftsschutzgebiet schieben. Zur Bergmangalpe geht es steil auf einer Forststraße hinauf.

E-Bike-Ladestation
Rathaus in Marktoberdorf sowie am Parkplatz in der Bahnhofstraße

Information
touristik-marktoberdorf.de

Rechte Seite: Ruderboote am Elbsee warten auf eine Unterbrechung der Radtour.

Nördlich von Marktoberdorf radeln wir zum Elbsee, schieben durch sein artenreiches Moorgebiet und erklimmen die Bergmangalpe, von der wir einen traumhaften Blick auf die Alpenkette genießen.

Zum Elbsee Wir starten am Bahnhof von Marktoberdorf und fahren auf der Bahnhofstraße in südlicher Richtung zur nächsten großen Kreuzung. Wir biegen rechts in den Radweg neben der B 472 ein, fahren unter den Gleisen durch und folgen dem Weg durch ein Gewerbegebiet nach Thalhofen. Den Ort durchqueren wir, bewundern den prachtvollen Pfarrhof mit seinem Fresko des Erzengels Michael als Seelenwäger und radeln über die Wertach. Wir fahren am Eisenbahnmuseum vorbei, biegen rechts in die Hattenhofener Straße ein und folgen ihr zum Weiler Hattenhofen. An der T-Kreuzung mitten im Ort halten wir uns rechts und verlassen den Weiler in einer weiten Linkskurve. Die

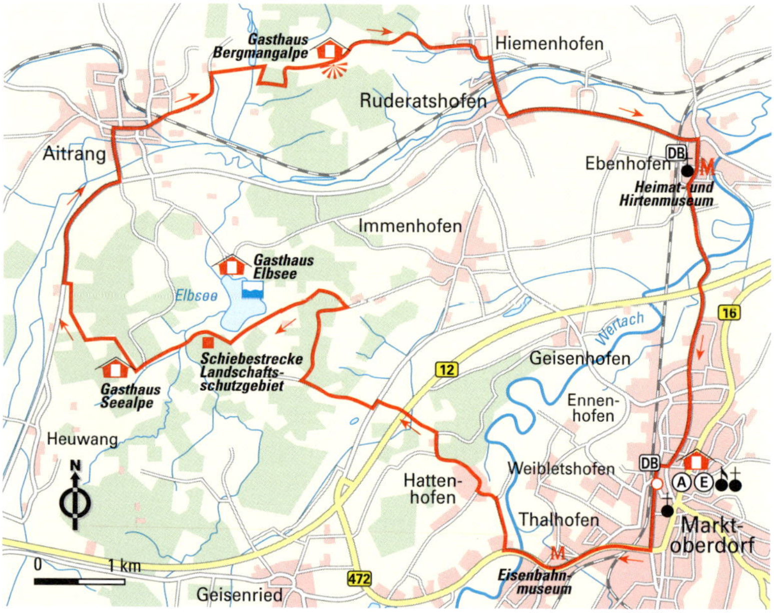

Marktoberdorf

Rechts: Die Wertach nördlich von Marktoberdorf

Straße führt an einem Wald entlang und dann kurz hinein, bis sie über Wiesen und Felder die Schnellstraße B 12 überquert, um in die Kreisstraße OAL 10 zu münden.
100 Meter nach links versetzt, führt unser Weg neben einer Buschreihe leicht aufwärts in einen Wald. Wo der Wald endet, biegen wir scharf rechts ab, durchqueren nochmals einen Wald und biegen am Ende des Waldes scharf links ab, Richtung Elbsee Süd und Gasthof Seealpe. Der nicht sehr gute Weg führt abwärts zu den sumpfigen Wiesen des Elbsees, dem wir bei einem kleinen Waldstück ziemlich nahe kommen. Jetzt ist Gelegenheit für eine kurze Abkühlung. Aber bitte nur dort in das Wasser steigen, wo eine Öffnung im Schilfgürtel dies auch zulässt!

Marktoberdorf

Clemens Wenzeslaus, Herzog von Sachsen und Prinz von Polen, verlor gegen eine Abfindung von 100 000 Gulden, heute knapp 30 Millionen Euro, im Machtspiel zu Zeiten Napoleons alle seine Würden. Er wählte daraufhin Marktoberdorf zu seinem Alterssitz und kümmerte sich um eine verbesserte Ausbildung der Kinder, eine neue Wasserversorgung und eine Gewerbeordnung. Heute staunen wir über die berühmte Kurfürstenallee, auf der 630 Linden den Spazierweg vom Schloss zu einem Tempel säumen. Sein Barockschloss ist Sitz der Bayerischen Musikakademie und Förderstätte hochbegabter junger Musiker.

Schiebend über den Elbseer Moorweg Gleich darauf kommen wir an eine Stelle, an der große Schilder das Radfahren (und das Reiten) untersagen. Wir schieben, und das hat seinen Grund: Am Waldrand ist der Moorboden mit einer dicken Schicht Hackschnitzel abgedeckt, so radelt es sich nicht gut. Wir kommen zu einem langen Bohlenweg, der uns die Gelegenheit bietet, trockenen Fußes ein Sumpfgebiet zu durchqueren, wie wir es sonst nie zu Gesicht bekämen. Am Ende des Bohlenwe-

Eisenbahnmuseum an der Wertach bei Marktoberdorf

Oben: Gasthof Seealpe am Elbsee bei Aitrang

ges sind es noch 100 Meter Weg mit grobem Gesteinsschotter, dann ist die Schiebestrecke zu Ende und wir haben das einsam gelegene Gasthaus Seealpe erreicht, an dem wir nach rechts weiterfahren. Nach etwa 400 Metern wählen wir die linke Abzweigung, die uns zur Kreisstraße OAL 3 bringt und der wir 1,5 Kilometer nach rechts folgen. Dann geht es nach links nach Aitrang, wo wir nach rechts zur Pfarrkirche St. Ulrich fahren. Vor ihr steht mitten in der Straße eine riesengroße Linde. Angeblich wurde unter ihr in früher Zeit Gericht gehalten. Das wäre möglich, denn Aitrang war im Mittelalter Vogtei. Das heißt, hier wohnte ein Verwalter der Fürstäbte von St. Mang in Füssen bzw. etwas später der Fürstäbte von Kempten. Er war befugt, Gericht zu halten. Allerdings war das unter diesem Baum nicht möglich, denn er wurde erst vor etwa 300 Jahren gepflanzt, und damals gab es schon lange keine Gerichtssitzungen unter freiem Himmel mehr.

Hinauf zur Bergmangalpe Wir folgen der Straße, die in schwachem Linksbogen unter den Gleisen der Bahn durchführt, und nehmen den Weg, der rechts von der großen Straße abbiegt. Ihr folgen wir, dann passieren wir ein großes Gehöft und biegen in die Straße ein, die uns nach rechts direkt an den Waldrand bringt. Hier würde uns ein Wegweiser geradeaus aufwärtsschicken, doch dieser Weg ist höchstens für Wanderer oder erfahrene Mountainbiker geeignet. Wir biegen rechts ab, schon nach we-

nigen Metern führt eine neue Forststraße in zwei weiten Schleifen auf den Berg. Wir fahren aufwärts, zuerst geht es durch eine große Schonung, dann wieder durch den Hochwald. Abzweigungen links oder rechts lassen wir unbeachtet.
Über die Wiesen der Hochfläche führt uns der Weg direkt zum Gasthof Bergmangalpe. Konkurrenzlos schön ist die Aussicht von der Terrasse. Die Bergkette reicht von den Ammergauer Bergen mit der Zugspitze im Hintergrund über Tegelberg und Säuling zu den Tannheimer Bergen.

Guten Appetit

Am Ende des Bohlenweges genießen wir im Gasthof Seealpe (ganzjährig bis etwa 18 Uhr geöffnet) regionale Küche. Im Gasthof Bergmangalpe gibt's tolle Spezialitäten und leckere Kuchen, dazu haben wir eine prächtige Aussicht auf die Berge (geöffnet Do bis So ab 11 Uhr, Mo und Di Ruhetag, Mi erst ab 14 Uhr geöffnet).

Rückfahrt über die Dörfer Jetzt locken 100 Höhenmeter »Schussfahrt« ins Tal nach Hiemenhofen. Hier bitte unbedingt achtsam fahren, denn manchmal kommen einem schwere Traktoren ziemlich flott entgegen! Hiemenhofen durchqueren wir zur Kreisstraße OAL 7 hin und fahren auf ihr nach rechts in den Ort Ruderatshofen. Wir überqueren die Bahn und die Kirnach, biegen nach der Mühle links in die Raiffeisenstraße ein und verlassen den Ort auf der Autostraße, die uns nach Ebenhofen bringt. Dort biegen wir nach rechts in die Schwabenstraße ein, die uns zu der großen Pfarrkirche St. Peter und Paul und zum Heimat- und Hirtenmuseum führt. Es lohnt sich, einen Blick in die Kirche zu werfen, besitzt sie doch eine prachtvolle Holzdecke von 1692 mit interessanten Bildern aus dem Alten und Neuen Testament. Das Museum um die Ecke beherbergt eine hervorragende Dokumentation des Hirtenlebens im Allgäu. Es schildert das karge Leben und den mühevollen Versuch der Hirten, sich unter dem Dach der Kirche zu organisieren.
Dann fahren wir bis zum Ortsrand, wo uns eine Allee zur Wertachbrücke bringt. Unter der Schnellstraße B 12 erreichen wir die ersten Häuser von Marktoberdorf. Beim Kreisverkehr nehmen wir die zweite Abfahrt und fahren, immer noch auf der Schwabenstraße, am modernen Veranstaltungshaus Modeon vorbei. Jetzt haben wir nur noch ein kurzes Stück auf der Schwabenstraße, dann bringt uns der Jörglweg nach rechts direkt zu den Parkplätzen am Bahnhof, wo unsere Runde durch das Allgäuer Hügelland ein Ende findet.

Linke Seite: In der Kurfürstenallee

Zugabe

***Wir haben nachgerechnet:** Für dieses Buch haben wir insgesamt weit über 950 Kilometer auf dem Fahrrad zurückgelegt. Eine wunderschöne Erfahrung, bei der man das Allgäu ganz gut kennenlernt. Trotzdem gibt es noch so viele Landstriche zwischen dem Bodensee und dem Lech, in denen wir keine Tour verwirklichen konnten, obwohl sie alle äußerst sehenswert wären. Das liegt vor allem an der Vorgabe »Radeln entlang von Flüssen und Seen«. Es gibt zwar jede Menge Gewässer im Allgäu, aber nicht überall. Vor allem fehlt es an größeren Seen, bei denen eine Umrundung eine entspannte Angelegenheit auf dem Zweirad wäre. So haben wir, soweit es ging, Flüsse und Bäche mit Seen verknüpft, um daraus schöne Rundtouren zu gestalten.*

***Wer jedoch Lust hat**, das Allgäu auf einer Mehrtages-Radtour zu erkunden, dem wollen wir diese Streckenhinweise nicht vorenthalten:*
So führt z. B. der Iller-Radweg stets nahe am Fluss von Oberstdorf über Kempten nach Memmingen. Dort verlässt man das Allgäu, kann aber auf dem Weg nach Norden die Iller bis Ulm begleiten.
Auch der Wertach, die in der Nähe von Oberjoch aus dem Zusammenfluss zweier Bäche entsteht, kann man auf ihrem 137 Kilometer langen Weg durch das Allgäu bis nach Augsburg folgen. Nicht so nah am Fluss wie an der Iller, aber ebenfalls wunderschön und noch dazu viel unbekannter.

***Ebenfalls nach Augsburg** führt der Lechtalradweg, eine Tour, die sich wegen der schönen Flusslandschaft lohnt und noch dazu hervorragend an das Bahnnetz angeschlossen ist.*

Viel Spaß wünschen Ihnen

Register

Impressum

Verantwortlich: Sabine Klingan
Lektorat und Redaktion: Christian Schneider
Layout: Eva-Maria Klaffenböck
Kartografie: Bruckmann Kartografie, Heidi Schmalfuß
Repro: P.R.O. Medien
Herstellung: Bettina Schippel
Printed in Slovenja by Florjancic

★★★★★

Sind Sie mit diesem Titel zufrieden? Dann würden wir uns über Ihre Weiterempfehlung freuen. Erzählen Sie es im Freundeskreis, berichten Sie Ihrem Buchhändler, oder bewerten Sie bei Onlinekauf. Und wenn Sie Kritik, Korrekturen, Aktualisierungen haben, freuen wir uns über Ihre Nachricht an den J. Berg Verlag in der Bruckmann Verlag GmbH, Postfach 40 02 09, D-80702 München oder per E-Mail an lektorat@verlagshaus.de.

Unser komplettes Programm finden Sie unter www.j-berg-verlag.de

In diesem Buch wird aus Gründen der besseren Lesbarkeit das generische Maskulinum verwendet. Weibliche und anderweitige Geschlechteridentitäten werden dabei ausdrücklich mitgemeint, soweit es für die Aussage erforderlich ist.

Empfehlung der Redaktion
Sie sind auf der Suche nach weiterführender Literatur? Dann empfehlen wir Ihnen den Titel »Die Radel-Bucket-List Bayern« von Lisa und Wilfried Bahnmüller. Oder Sie werfen einen Blick in die Zeitschrift »Bergsteiger«. Hier werden Sie bestimmt fündig.

Bildnachweis: Alle Bilder im Innenteil und auf dem Umschlag stammen von den Autoren mit folgenden Ausnahmen: S. 28 links, S. 31: Martin Siepmann
Umschlagvorderseite: Fahrradspaß am Schwaltenweiher (Tour 26)
Umschlagrückseite: Unweit des Forggensees thront die Kapelle von Hergatsried über dem gleichnamigen See (Tour 27).

Die Deutsche Nationalbibliothek verzeichnet diese Publikation in der Deutschen Nationalbibliografie; detaillierte bibliografische Daten sind im Internet über http://dnb.d-nb.de abrufbar.

Komplett überarbeitete und erweiterte Neuauflage des 2014 im Bruckmann Verlag erschienenen Titels »Radeln am Wasser im Allgäu«

Infanteriestraße 11a, 80797 München

ISBN 978-3-86246-671-9